encyclopédie des jeunes

les Religions du monde

LAROUSSE

découvrir l'enc

les Religions du monde

Depuis l'Antiquité jusqu'à nos jours, dans toutes les régions du monde, les religions, dans leur diversité, ont toujours fait partie de la vie des hommes.

Comment utiliser ce livre

Cet ouvrage est divisé en quatre parties. Chacune d'entre elles est introduite par un sommaire qui énumère les différents chapitres et donne un court résumé de leur contenu.

De grandes photographies, qui occupent une double page, permettent de découvrir de superbes images illustrant des scènes de la vie religieuse de l'Antiquité et d'aujourd'hui.

Dans les dernières pages sont rassemblés des dates, des faits importants ou peu connus, une carte des religions dans le monde et une liste des principaux dieux.

Enfin, un index permet de repérer rapidement la page où se trouve l'information que l'on cherche.

Cet ouvrage prend place dans l'Encyclopédie des Jeunes.
Il a été réalisé sous la direction éditoriale de Claude Naudin et Marie-Lise Cuq avec le concours de Michèle Barton, Dominique Joly, Colette Kessler, Anne-Marie Lelorrain pour le texte assistées de Olivier Cornu et Anne Luthaud.

conception graphique, direction artistique
Anne Boyer
assistée de
Emmanuel Chaspoul

maquette
Claudine Combalier

correction-révision
Annick Valade
assistée de Isabelle Dupré, Françoise Moulard, Édith Zha

direction de l'iconographie
Anne-Marie Moyse-Jaubert
recherche iconographique
Michèle Kernéïs

fabrication
Annie Botrel

coordination technique
Pierre Taillemite

mise en page
Palimpseste

couverture
Gérard Fritsch
assisté de Véronique Laporte

L'éditeur tient à remercier le docteur Raïs, directeur des affaires culturelles de la Mosquée de Paris, pour ses conseils.

Distributeur exclusif au Canada : les Éditions Françaises Inc.

l o p é d i e   d e s   j e u n e s

le titre de chapitre
Chaque chapitre se déroule sur une ou plusieurs doubles pages.

le texte d'introduction
Il résume les grandes lignes du sujet qui va être traité dans le chapitre.

une photo panoramique
Elle illustre un des sujets du chapitre.

les marges
Elles contiennent des informations sur des sujets complémentaires.

Le shintoïsme et le bouddhisme sont les deux religions principales du Japon. Le shintoïsme est né au Japon alors que le bouddhisme y est arrivé au VIe s. et s'y est développé sous des formes particulières.

Les religions du Japon

- amulette : objet qui est censé protéger du mal celui qui le porte ou qui l'a près de lui.
- arts martiaux : ensemble des sports de combat d'origine japonaise, comme le judo, le karaté, l'aïkido.
- autel : table, surface plane sur laquelle on dépose ce que l'on offre aux dieux.
- bodhisattva : sage qui fait le vœu de sauver tous les êtres et d'aider ceux qui souffrent au lieu d'atteindre le Nirvana.
- culte : hommage que l'on rend à un dieu ou à une divinité ; cérémonie religieuse par laquelle on rend cet hommage.
- illumination : fait d'accéder à la compréhension totale de l'âme humaine et du monde.
- kami : divinité du shintoïsme. Les kami sont invisibles et on ne peut pas les représenter. Le kami le plus important est la déesse du Soleil Amaterasu, dont le nom signifie « qui illumine le Ciel ».
- sanctuaire : édifice consacré aux cérémonies religieuses ; lieu saint.
- torii : grand portique qui se trouve dans l'enceinte sacrée, avant l'entrée des temples shintoïstes.

Le shintoïsme est la religion la plus ancienne du Japon. Il associe le culte des ancêtres à la vénération de la nature. Ses divinités sont des esprits ou **kami**.
Au VIe s., le bouddhisme se répand dans la haute société japonaise. Les empereurs continuent cependant de pratiquer les rites shintoïstes ; ils ne veulent pas heurter le peuple, resté en grande partie fidèle aux croyances traditionnelles. Au XIXe s., le shintoïsme est proclamé religion nationale. Aujourd'hui, les Japonais mêlent certaines pratiques des deux religions.

Le shintoïsme
Le mot « shinto » signifie « voie des kami ». À l'origine, les kami sont les âmes des ancêtres défunts qui se sont réfugiées dans des lieux naturels (cascades, vagues de l'océan ou cratères de volcans). Par la suite, ils ont désigné les éléments qui possèdent une force extraordinaire (le soleil, la lune, les arbres ou le vent). Ils sont bienveillants ou maléfiques.
Des légendes, rédigées au VIIIe s., racontent la création du monde, et la naissance des kami et du Japon. Les kami ont des messagers : le renard est le messager d'Inari, qui protège des malheurs et apporte les richesses. Les hommes consultent les kami en toute occasion : avant un voyage ou un examen, pour guérir un malade, maudire un ennemi, éloigner un mauvais sort, avoir un enfant…

le renard, messager du kami Inari

Le culte et les sanctuaires shintoïstes
À la maison, devant le petit **autel** consacré au kami de la famille, on dépose des **amulettes**. Ce sont souvent des flèches en bois ou des bandes de papier portant le nom d'un **sanctuaire** célèbre. Le sanctuaire est la résidence des kami d'un lieu. Le fidèle qui va invoquer un esprit franchit d'abord le grand portique, le **torii**, qui marque l'entrée de l'espace sacré. Ensuite, il se purifie en se rinçant la bouche et en se lavant les mains dans un bassin ou une source naturelle située dans l'enceinte du sanctuaire. Il pénètre dans la salle de culte *(haiden)* mais ne peut accéder à la salle principale *(honden)*, car c'est la demeure du kami. Après avoir jeté une pièce dans la boîte à offrandes, il fait retentir la cloche et frappe trois fois dans ses mains pour avertir le kami de sa présence. En s'inclinant, il récite sa prière.

L'amidisme et le bouddhisme zen
Venu de Chine et de Corée, le bouddhisme s'est répandu au Japon à la fin du VIe s. et a donné lieu à différentes écoles issues du courant mahayana (Grand Véhicule). Le courant le plus populaire au Japon est l'amidisme, qui vénère le Bouddha Amida. Né en Inde, ce courant s'est répandu au Japon au Xe s. Bouddha Amida est le Bouddha de la Lumière infinie. On le célèbre en répétant des formules telles que : « Gloire au Bouddha Amida ».
Venu également de Chine, le bouddhisme zen exerce lui aussi une grande influence. Il se développe à partir du XIIe s.

76

une purification shintoïste sous une cascade

Le bouddhisme zen vise à obtenir l'**illumination** grâce à une intense concentration et à une sévère discipline physique. Ainsi, la pratique des **arts martiaux**, la contemplation d'un jardin de sable ou la méditation pendant plusieurs heures sont des méthodes de cette religion.
L'esprit zen se manifeste à travers la cérémonie du thé ou l'art d'arranger les bouquets de fleurs, appelé « ikebana ».

Cérémonies, fêtes et pèlerinages
Bouddhisme et shintoïsme sont étroitement liés. Sous l'influence du bouddhisme, les kami deviennent les dieux protecteurs du temple, ils sont représentés sous les traits des **bodhisattvas**. Les moines bouddhistes participent aux fêtes shintoïstes. Les Japonais se marient dans les sanctuaires shintoïstes et célèbrent les funérailles dans les monastères bouddhiques.
Parce qu'ils ont fait un vœu ou pour assurer leur salut ou celui d'un mort, les Japonais accomplissent le pèlerinage aux lieux saints où résident les divinités. Ils déposent dans le sanctuaire ou devant la statue un ex-voto, où sont inscrits son nom et ses vœux.
Pour invoquer le kami des montagnes ou celui du village et s'attirer sa bienveillance, les Japonais organisent des fêtes comme celles du Printemps, du Nouvel An…
Celles-ci comportent souvent des spectacles de danse ou de lutte (sumo) et des concours de tir à l'arc. □

moine zen méditant devant un jardin de sable

Ex-voto dédiés à Inari
Les ex-voto sont des objets ou des bandes de papier (voir ci-dessus) que les fidèles déposent dans un sanctuaire pour remercier le dieu ou lui demander d'exaucer un vœu.

Position des mains pour la méditation zen
Cette position traditionnelle lors de la méditation s'appelle « Hakkaiyo-in », ce qui signifie l'Univers.
Elle fait partie des mudras, gestes symboliques des mains, avec positions particulières des doigts, ayant une signification religieuse et exprimant un sentiment particulier.

77

le mini-dictionnaire
Les mots difficiles, en gras dans le texte, y sont définis.

la légende de la photo
Elle donne l'explication de l'illustration.

le titre de paragraphe
Chaque paragraphe développe un aspect fondamental du sujet.

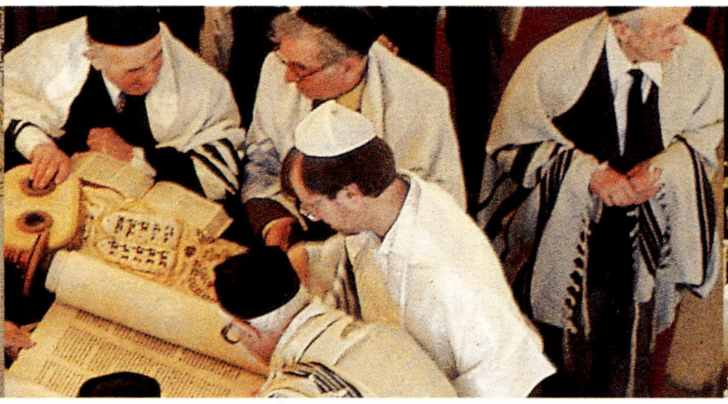

s o m m

les religions disparues 8

- les premières croyances 10
- la Mésopotamie 12
- la religion de l'Égypte 14

la vie après la mort 16
la pesée de l'âme 18

- la religion des Grecs 20

les grands sanctuaires et les fêtes 22

- la religion des Romains 24
- les peuples nomades en Europe 26
- Mayas, Aztèques et Incas 28

les religions du Livre 30

- les trois religions du Livre 32
- le judaïsme 34

la Bible, le Talmud et leur message 36
les pratiques et les fêtes 38

- le christianisme 40

l'Église du premier millénaire 42
l'Église grandit et se divise 44
les orthodoxes 46
les protestants 48
les catholiques 50
Jérusalem 52

- l'islam 54

les fondements de la religion musulmane 56
les pratiques et les fêtes 58

a i r e

les religions orientales 60

■ l'hindouisme 62

les rites et les fêtes 64

■ jaïnisme et sikhisme 66

■ le bouddhisme 68

les courants du bouddhisme et les fêtes 70

le temple de Borobudur 72

■ le confucianisme et le taoïsme 74

■ les religions du Japon 76

les croyances traditionnelles 78

■ les religions africaines 80

■ les religions d'Océanie 82

■ les religions des Indiens d'Amérique 84

les religions d'Amérique latine 86

■ la carte des religions 88

■ le saviez-vous ? 90

■ les dieux 92

■ index 94

Depuis les origines de l'humanité, l'être humain a cru en « quelque chose » de surnaturel, de supérieur à la nature visible. Il a tenté d'expliquer des mystères comme la naissance, la mort, l'origine du monde…

Les religions : croyances

- **culte : hommage que l'on rend à un dieu ou à une divinité ; cérémonie par laquelle on rend cet hommage.**
- **mythe : récit fabuleux qui cherche à expliquer l'origine de l'homme et du monde.**
- **prière : pensée que l'on adresse à Dieu (ou à une divinité) ou texte que l'on récite en s'adressant à Dieu (ou à une divinité).**
- **rite : ensemble des pratiques et des cérémonies religieuses que les hommes accomplissent dans le cadre d'une croyance, d'une religion.**
- **superstition : croyance à des choses mystérieuses, que l'on ne peut expliquer par la raison, et que l'on considère comme des signes pouvant apporter bonheur ou malheur.**
- **tolérance : qualité en vertu de laquelle on admet et on respecte les opinions et les façons d'agir d'autrui.**

Dès la préhistoire, les premiers hommes enterrent leurs morts avec des armes, des parures, des objets usuels, comme s'ils devaient les utiliser dans une autre vie, celle qu'ils vivraient après leur mort. Très tôt aussi, l'homme semble s'être interrogé sur les origines de la nature, s'être demandé à quoi étaient dus les phénomènes qu'il ne pouvait s'expliquer : foudre, éclairs, tonnerre, vents, jour et nuit, retour cyclique des saisons, etc. Il a attribué tout cela à un ou à plusieurs dieux tout-puissants. Enfin, il semble que les hommes aient toujours voulu entrer en contact avec les dieux pour se les rendre favorables. L'ensemble de ce que les hommes croient et de ce qu'ils font en l'honneur des puissances surnaturelles constitue la religion.

Le rôle de la religion dans la société

Dans toutes les sociétés anciennes, la religion a tenu un rôle essentiel : c'est pour des raisons religieuses qu'ont été réalisées les premières œuvres d'art, c'est la religion qui justifiait l'organisation de la société, la vie familiale, c'est elle qui rythmait les actes de chaque jour. Il était impensable de ne pas pratiquer une religion, et il était très rare que des religions différentes puissent exister dans un même pays sans que cela provoque des guerres ou des persécutions. Aujourd'hui, certains États font preuve de **tolérance** : plusieurs religions peuvent coexister, chaque personne peut pratiquer la religion de son choix ou n'en pratiquer aucune. Mais il y a aussi des pays où toutes les lois sont fondées sur une religion, et où ceux qui ont des opinions ou des croyances différentes sont persécutés.

Les croyances et le sacré, fondement des religions

Les religions sont constituées par un ensemble de croyances : les animistes pensent que la nature est animée par des esprits innombrables et invisibles ; les polythéistes croient en plusieurs dieux ; les monothéistes n'ont qu'un seul dieu. Toutefois, les polythéistes, comme les animistes, admettent souvent qu'un dieu principal est à l'origine de toute la création, et ils rejoignent en cela les monothéistes. Pour tous, la divinité est hors du monde « ordinaire », elle est sacrée, c'est-à-dire qu'elle inspire un très profond respect.

À propos de leurs dieux, les croyants se transmettent, oralement ou par écrit, toutes sortes de récits, les **mythes,** dont l'ensemble forme la mythologie. Ces mythes sont extrêmement variés, mais certains d'entre eux se retrouvent dans plusieurs religions : le mythe du paradis terrestre, celui de la création du

moine bouddhiste en prière

Égyptiens portant des offrandes aux dieux

et pratiques

brahmane lisant les textes sacrés

cérémonie religieuse catholique

premier homme, le mythe du déluge...
Dans certaines religions, les croyants pensent que Dieu s'adresse directement aux hommes ; ce sont des « religions révélées ».
Il y a aussi des personnes qui ne croient en l'existence ni de Dieu ni d'aucune autre divinité : elles sont athées, c'est-à-dire « sans dieu ». D'autres estiment que l'homme ne peut rien savoir de l'origine de l'Univers ni de sa destinée : on dit que ces personnes sont agnostiques, indifférentes à toute croyance.

Les pratiques : ce qu'il faut faire pour la divinité

On appelle « fidèles » les personnes qui pratiquent une religion dont elles accomplissent les commandements. Parmi elles, beaucoup affirment appartenir à une religion, sans toutefois faire tout ce que celle-ci exige : ce sont des croyants, mais non des pratiquants. En effet, dans toutes les religions, les fidèles effectuent des actes précis qui, disent-ils, sont demandés par leur dieu.
Le **culte** est le fait de rendre hommage à un dieu (ou aux dieux) : il comprend des cérémonies, c'est-à-dire des fêtes à caractère sacré, qui marquent les différents moments de la vie ou de l'année, et des **prières**, de demande ou de remerciement.
Cérémonies et prières peuvent être organisées selon des règles précises, les **rites.**
Dans la plupart des religions, certaines personnes sont chargées de l'interprétation des textes religieux et veillent à la bonne organisation du culte. Ces personnes, le plus souvent des prêtres, constituent le clergé.
Il existe pourtant des religions sans clergé, où il n'y a pas d'intermédiaire entre l'homme et le dieu (ou les dieux) auquel il croit.
Certains fidèles pensent qu'il existe des paroles ou des actes, généralement secrets, qui peuvent contraindre les forces de la nature à faire ce qu'ils veulent.
C'est ce que l'on appelle la magie, utilisée pour obtenir une guérison, avoir de la chance, prévoir l'avenir ou faire du mal à un ennemi...
Pour tous ceux qui n'y croient pas, les pratiques magiques sont considérées comme de la **superstition**.

Le mythe du déluge

Les religions ont des points communs, comme le mythe du déluge, qui traduit peut-être la peur des hommes lors de très anciennes inondations.
Noé, dit la Bible, fut le seul homme à être sauvé du déluge envoyé par Dieu pour punir les hommes de leur méchanceté. Il construisit un navire, l'arche, où il fit monter un couple de chaque espèce animale (ci-dessous). La pluie tomba quarante jours et quarante nuits, puis l'arche de Noé s'échoua sur une montagne.
Un mythe mésopotamien a sans doute inspiré le récit biblique : le dieu Ea conseille au premier homme, Outa Napishti, de construire un bateau pour échapper au déluge. Dans la Grèce antique, Zeus envoie un déluge, mais sauve Deucalion et Pyrrha, qui construisent une arche.

les religions

disparues

10 **les premières croyances**
On pense que les hommes de la préhistoire avaient déjà des pratiques religieuses.

12 **la Mésopotamie**
Les Mésopotamiens craignent leurs dieux et cherchent à connaître leur volonté pour les servir le mieux possible.

14 **la religion de l'Égypte**
Dans l'Égypte ancienne, les hommes ne vivent que pour honorer les dieux et les morts.

20 **la religion des Grecs**
Les dieux grecs forment une grande famille. Ils ont les mêmes qualités et les mêmes défauts que les hommes.

24 **la religion des Romains**
Les dieux vénérés à Rome étaient ceux de la famille. Puis les Romains ont adopté les dieux des pays conquis.

26 **les peuples nomades en Europe**
C'est grâce aux objets retrouvés dans des tombes que les croyances de ces peuples sont connues.

28 **Mayas, Aztèques et Incas**
La religion des Mayas, des Aztèques et des Incas accorde une grande importance au culte du Soleil.

Il est difficile d'affirmer que les hommes de la préhistoire pratiquaient une religion. Mais les découvertes archéologiques permettent de penser que les premières sociétés humaines partageaient certaines croyances.

Les premières croyances

- **cairn** : amas de pierres recouvrant généralement les dolmens.
- **culte** : hommage que l'on rend à un dieu ou à une divinité ; cérémonie religieuse par laquelle on rend cet hommage.
- **dolmen** (du breton *dol* ou *taol*, « table », et *men*, « pierre ») : monument préhistorique constitué d'une dalle horizontale reposant sur des pierres dressées verticalement.
- **fécondité** : fait de pouvoir se reproduire, de pouvoir avoir des enfants. Dans les anciennes croyances religieuses, la fécondité de la terre était comparée à celle de la femme.
- **mégalithe** : monument préhistorique composé d'un ou de plusieurs grands blocs de pierre. Les principaux sont les dolmens et les menhirs.
- **menhir** (du breton *men*, « pierre », et *hir*, « long ») : monument préhistorique constitué d'un seul bloc de pierre vertical.
- **rite** : ensemble des pratiques et des cérémonies religieuses que les hommes accomplissent dans le cadre d'une croyance, d'une religion.
- **sépulture** : lieu où un mort est enterré.
- **tumulus** : monticule constitué d'un amas de terre, que l'on élevait au-dessus d'une sépulture.

On a donné le nom de « préhistoire » à la période pendant laquelle les hommes ne savaient ni lire ni écrire. L'histoire commence seulement en 3000 av. J.-C. avec l'invention de l'écriture. C'est grâce aux peintures et aux ossements retrouvés dans des grottes que nous connaissons certains **rites** et pratiques religieuses des hommes préhistoriques.

Les premières tombes

Le simple fait d'enterrer les morts est déjà un acte religieux puisqu'il suppose que le corps humain a d'autres besoins que ceux de la vie quotidienne. Les plus anciennes traces de croyances religieuses sont des restes humains entourés ou recouverts d'objets déposés dans des fosses. Ces fosses, que l'on peut considérer comme les premières tombes, datent de l'époque de l'homme de Neandertal, qui vivait il y a 80 000 ans ; elles ont été découvertes en Europe et au Moyen-Orient. Plus tard, entre 40000 et 10000 av. J.-C., au temps d'*Homo sapiens sapiens*, notre ancêtre, les tombes deviennent plus nombreuses. Les morts sont enterrés dans des fosses dont les parois sont souvent recouvertes d'une sorte d'argile rouge appelée « ocre rouge ». Ils sont parés de leurs bijoux, de perles, de coquillages ou de pendeloques en ivoire, et sont entourés de toutes sortes d'objets : armes, outils en pierre ou en os. La signification exacte de toutes ces pratiques reste inconnue, mais le traitement spécial réservé aux morts révèle une préoccupation pour ce qui se passe après la mort.

deux squelettes d'enfants enterrés dans la grotte de Grimaldi (30 000 av. J.-C., France)

Les sculptures et les grottes ornées

À la même époque, à partir de 30000 av. J.-C., les premières formes d'art apparaissent et semblent avoir des significations religieuses. Ce sont des sculptures réalisées en os et en pierre, des statuettes de femmes dont la poitrine, les fesses et les organes sexuels sont exagérément grossis. Elles représentent peut-être des déesses de la **Fécondité**. Enfin, en Europe occidentale, on a découvert, datant de cette époque, environ 150 grottes ornées de peintures ou de gravures représentant des figures géométriques, des mains et surtout des animaux. Les hommes ont dessiné des chevaux, des bisons, des cerfs, des mammouths et des rhinocéros. La signification de ces peintures demeure mystérieuse. Nous pouvons seulement constater qu'à une époque où la chasse

grotte ornée de mains (Perito Moreno, Argentine)

un bison de la grotte d'Altamira (Espagne)

jouait un rôle essentiel, l'animal, redouté et recherché, était un élément important des croyances des hommes. De plus, ces grottes sont souvent difficiles d'accès, on peut donc penser qu'elles ne servaient pas d'habitation mais avaient une fonction religieuse.

Les dolmens et les menhirs

À partir de 8000 av. J.-C., le mode de vie des hommes change. Ils se regroupent dans des villages, ne vivent plus uniquement de la chasse et de la cueillette, et commencent à pratiquer l'agriculture et l'élevage.
On appelle cette période le néolithique. La transformation des habitudes de vie de ces hommes entraîne des changements importants dans leurs croyances et leurs pratiques religieuses. On a retrouvé, datant de cette période, de multiples statuettes féminines qui semblent destinées au **culte** de la Terre, du Soleil et du cycle des saisons, afin de favoriser l'abondance des récoltes. C'est alors qu'un peu partout dans le monde, surtout en Europe occidentale, des monuments appelés **mégalithes** sont construits avec d'énormes blocs de pierre.
On donne le nom de **dolmens** aux mégalithes qui sont disposés en forme de table géante. Ce sont des **sépultures** collectives protégées par des amoncellements de pierraille, appelés **cairns**, ou de terre, appelés **tumulus**.
Les **menhirs** sont des pierres dressées. Ils sont isolés, alignés ou disposés en cercle comme à Stonehenge, en Grande-Bretagne, ou à Carnac, en France. □

déesse de la Fécondité retrouvée à Çatal Höyük (VIe-V^e^ millénaire av. J.-C., Turquie)

Le site de Stonehenge, en Grande-Bretagne

Ce monument a été édifié entre 2000 et 1500 av. J.-C., donc à la fin du néolithique. Les pierres dressées forment deux cercles concentriques dont le plus grand a 32 m de diamètre. À l'intérieur, deux ovales en fer à cheval entourent une grosse pierre qui était sans doute dressée elle aussi. Cette pierre indique le point de l'horizon où le soleil se lève lors du solstice d'été ; deux pierres plus petites, au sud-est et au nord-est, marquent le lever du soleil au solstice d'hiver. Les historiens supposent donc que Stonehenge a servi au culte d'un dieu-soleil. Stonehenge a continué à être utilisé jusqu'en 800 av. J.-C. La plupart des menhirs se sont effondrés au cours des siècles, mais ils ont été relevés au XXe s., et leurs sommets ont été recouverts de dalles transversales.

La religion de Mésopotamie est la plus ancienne religion connue. En effet, les archéologues ont retrouvé des tablettes d'argile sur lesquelles les Mésopotamiens avaient gravé l'histoire de leurs dieux.

La Mésopotamie

- **astrologie : pratique qui consiste à étudier l'influence de la position des astres sur les événements terrestres, sur le comportement et la destinée des hommes.**
- **cité : petit État indépendant composé d'une ville et de la campagne environnante. Chaque cité a ses propres lois.**
- **culte : hommage que l'on rend à un dieu, à une divinité ; cérémonie religieuse par laquelle on rend cet hommage.**
- **divination : pratique qui permet de deviner quel sera l'avenir en interprétant des phénomènes concrets considérés comme envoyés par les dieux.**
- **divinité : être divin, dieu ou déesse.**
- **offrande : don que l'on fait à une divinité. Ce peut être de la nourriture, des parfums, des objets, des bijoux…**
- **scribe (du latin *scribere*, « écrire ») : personnage chargé de rédiger différents textes. Il jouait un rôle important dans la cité.**
- **symboliser : représenter une idée par un objet ou par une personne.**
- **temple : édifice religieux consacré au culte d'une divinité.**

Entre 3000 et 300 av. J.-C., en Mésopotamie (une région qui correspond à peu près à l'Iraq actuel), de grandes villes comme Sumer, Our, Akkad ou Babylone se développent et prospèrent. C'est là que les hommes inventent l'écriture, vers 3000 av. J.-C. Un grand nombre de textes sont parvenus jusqu'à nous et nous renseignent sur les croyances et les pratiques religieuses de ces peuples.
À l'origine, chaque **cité** de Mésopotamie avait ses propres dieux protecteurs. Puis, au fil du temps, les dieux des cités les plus puissantes se sont imposés à l'ensemble de la région.

Des dieux et des déesses

Les dieux de Mésopotamie sont nombreux et chacun d'entre eux joue un rôle dans l'organisation de l'Univers. Le dieu An (ou Anu) est le créateur du ciel et de l'Univers, mais il a confié le pouvoir à son fils Enlil, qui est le seigneur du Vent et le dieu souverain de l'Univers. Le dieu des Eaux, Enki (ou Ea), est doué d'une grande intelligence. C'est pourquoi dieux et hommes font appel à lui dans les situations difficiles. Ces trois dieux, les plus importants, sont entourés de beaucoup d'autres **divinités**, comme Adad, le dieu de la Tempête, ou Shamash, le dieu-soleil. Vers 2000 av. J.-C., à Babylone, Enlil cède son pouvoir à son fils, Mardouk, un dieu plus jeune mais tout-puissant.

homme en position de prière (IIIe millénaire av. J.-C.)

Les déesses sont presque aussi nombreuses que les dieux. La plus puissante est Innana-Ishtar, déesse de l'Amour et de la Fécondité mais aussi de la Guerre.
Les hommes pensent que les dieux leur ressemblent : ils ont un visage humain, ils mangent, boivent, aiment et se marient. Ils se querellent, mentent et se battent à l'occasion.
Mais ils sont immortels, tout-puissants, et leur intelligence est très supérieure à celle des hommes, qu'ils ont créés pour les servir.

La création de l'homme

Un poème mésopotamien gravé sur des tablettes d'argile raconte comment les dieux ont décidé de créer les hommes. À une époque très lointaine, la société des dieux était constituée des Annunaku et des Igugu. Les Annunaku ne faisaient rien et les Igugu travaillaient pour les nourrir. Un jour, ces derniers se révoltèrent et refusèrent de se remettre au travail. Les dieux se réunirent alors en assemblée et décidèrent de créer les hommes, destinés à les servir et à leur procurer tout ce qui est nécessaire et agréable.
Cette légende montre que, pour les Mésopotamiens, les dieux sont maîtres du destin des hommes. Les malheurs comme la guerre, la famine ou les maladies sont des manifestations de leur colère.

taureaux ornant la porte dédiée à la déesse Ishtar (Iraq)

le dieu Adad et la déesse Ishtar (IXe s. av. J.-C.)

C'est pourquoi les hommes tentent de les rendre favorables en élevant des **temples** et en leur rendant un **culte**.

La ziggourat et les prêtres

Pour honorer les dieux, les Mésopotamiens ont construit de nombreux temples, les ziggourats. Ce sont des sortes de tours constituées de plusieurs étages. Elles comportent toutes un escalier monumental qui **symbolise** leur rôle : créer un lien entre le ciel et la terre.
Au sommet se trouve la chapelle qui abrite la statue du dieu. Les plus anciennes ziggourats datent du début du IIe millénaire av. J.-C. Généralement construites en brique, elles ont souvent été mal conservées.
Les prêtres sont des savants – ce sont souvent des **scribes** – chargés de veiller au déroulement du culte. Chaque jour, ils déposent au pied de la statue les **offrandes** que les habitants du pays ont apportées : nourriture, parfums, mais aussi vêtements précieux et bijoux.

Divination et astrologie

Les prêtres mésopotamiens apprennent et pratiquent la **divination**, c'est-à-dire l'art de deviner la volonté des dieux. Pour cela, ils interprètent certains événements exceptionnels, comme la maladie, la naissance d'un enfant mal formé, etc. L'**astrologie**, née en Mésopotamie, est également un moyen de connaître les décisions divines. Tout changement dans le mouvement ou l'aspect habituel des astres (Soleil, Lune, étoiles, planètes) est considéré comme un message envoyé aux hommes par les dieux. □

le dieu de la Lune, Sin (bas-relief assyrien, VIIIe s. av. J.-C.)

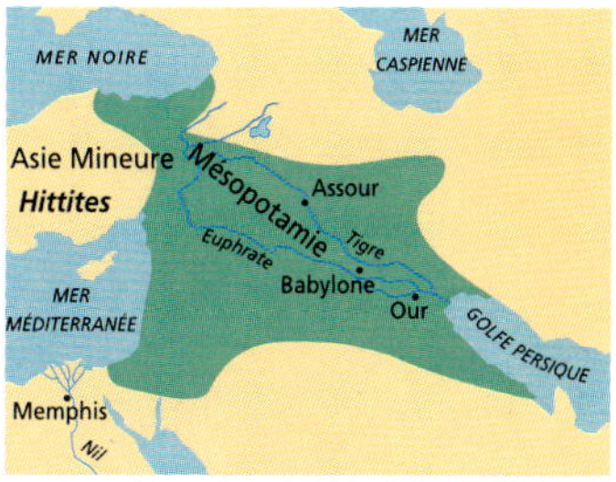

L'Orient ancien

Les religions orientales se sont influencées les unes les autres, que se soit en Mésopotamie, « le pays d'entre les fleuves » (le Tigre et l'Euphrate), en Égypte ou en Perse (Iran actuel).

La religion des Hittites

Le royaume des Hittites s'est développé entre 1650 et 1200 av. J.-C., en Anatolie, région d'Asie qui correspond à la Turquie actuelle. Les Hittites adorent plusieurs dieux, notamment ce dieu guerrier, vêtu d'une armure, et coiffé d'un casque pointu. La divinité la plus importante est Arinna, déesse du Soleil, qui règne sur les autres dieux. À Hattousa, la capitale, on a retrouvé plus de 30 temples. Le culte est organisé autour de la cour royale, car les rois sont aussi des prêtres.

Tout le long du Nil se dressent encore aujourd'hui les temples que les anciens Égyptiens ont construits pour honorer leurs dieux. Ils ont aussi élevé des pyramides où reposent les momies des pharaons.

La religion de l'Égypte

- **culte** : hommage que l'on rend à un dieu ou à une divinité ; cérémonie religieuse par laquelle on rend cet hommage.
- **embaumer** : traiter un cadavre avec des substances (aromates, résines) qui l'empêchent de se décomposer.
- **mastaba** : tombe en forme de banc des premiers pharaons puis des hauts fonctionnaires d'Égypte.
- **momie** : cadavre conservé après avoir été embaumé et entouré de bandelettes.
- **pharaon** : roi de l'Égypte antique, considéré comme un dieu.
- **pyramide** : grand monument qui servait de tombeau aux pharaons. La première pyramide égyptienne a été construite vers 2600 av. J.-C. à Saqqarah.
- **réincarnation** : fait de revivre après la mort dans un nouveau corps.
- **sacrifice** : offrande faite à une divinité, notamment en tuant des animaux.
- **sarcophage** : cercueil dans lequel les Égyptiens déposaient la momie.
- **sphinx** : monstre à corps de lion et à tête humaine, chargé de garder des monuments religieux.

Pendant plus de 3 000 ans (de 3200 à 30 av. J.-C.), la civilisation égyptienne s'épanouit dans un pays désertique, brûlé par le soleil. Dans l'étroite vallée que les crues du Nil rendent très fertile, de puissantes villes sont réunies sous l'autorité d'un roi, le **pharaon**. Parmi les multiples dieux que les Égyptiens adorent figure le pharaon, qu'ils considèrent comme un dieu vivant. Des prêtres à son service s'occupent des dieux dans chaque temple. Ils dirigent également les cérémonies pour les morts, qui tiennent une grande place dans la religion.

de gauche à droite, les dieux Horus, Osiris, et la déesse Isis (VIIIe s. av. J.-C.)

Les dieux égyptiens

Chaque région, chaque ville, adore des dieux différents. Cependant, les principaux dieux sont reconnus par tous.

Amon-Rê, dieu du Soleil, est un des dieux les plus importants. Coiffé du disque solaire, il naît chaque matin et disparaît chaque soir. Tout le jour, il navigue dans sa barque d'or sur l'océan du ciel.

Osiris est, selon la légende, le premier roi d'Égypte. Son frère Seth l'assassine et découpe son corps en quatorze morceaux qu'il disperse dans toute l'Égypte. Isis, la femme d'Osiris, retrouve les morceaux les uns après les autres, reconstitue le corps, l'entoure de bandelettes et ressuscite son mari. Osiris est ainsi la première **momie** et il devient le dieu des Morts. Isis est une magicienne, déesse de la Vie et mère idéale.

Horus est le fils d'Osiris et d'Isis. Il venge son père en reprenant à Seth le trône de l'Égypte. Il est le dieu-faucon, protecteur du pharaon.

Vers 1360 av. J.-C., le pharaon Aménophis IV tente d'imposer un dieu unique, Aton, dieu du Soleil. Il prend lui-même le nom d'Akhénaton (adorateur du soleil). Après sa mort

symboles des dieux égyptiens

Le dieu-soleil Rê envoie ses rayons en forme de lotus.

l'ancienne religion est rétablie, car les Égyptiens restent attachés à leurs dieux traditionnels.

Le pharaon

Le pharaon, roi d'Égypte, est considéré à la fois comme le prêtre suprême et comme un dieu vivant parmi les hommes. Pour cette raison, on ne doit pas le regarder en face. Les Égyptiens pensent qu'il est un descendant du premier roi légendaire d'Égypte, Osiris, et la **réincarnation** d'Horus sur terre. Après sa mort, il retournera dans le monde des dieux. C'est le pharaon qui garantit l'ordre du monde. Grâce à lui, le cycle des crues du Nil et des récoltes se reproduit chaque année. Le pharaon est le chef religieux. En principe, il doit être le seul à prier les dieux dans le temple. Mais il délègue ses pouvoirs aux prêtres, car il ne peut être chaque jour présent dans tous les temples de son royaume.

Anubis, le dieu à tête de chacal

Les temples

Les temples sont les demeures des dieux. Ils sont construits au bord du Nil et leur façade est toujours parallèle au fleuve. Une longue allée bordée de **sphinx** conduit à l'entrée monumentale. À l'intérieur s'ouvre la cour où le peuple est autorisé à prendre place seulement lors des grandes fêtes. Au fond de la cour, on entre dans une salle à colonnes où l'on offre des **sacrifices** lors des cérémonies. Dans une autre salle se trouve la barque sur laquelle la statue du dieu est installée lors des processions sur le Nil. Au fond du temple, dans une petite salle magnifiquement décorée, se trouve l'habitation du dieu, le naos, qui renferme sa statue. Seuls le pharaon et les prêtres sont autorisés à y pénétrer.

Les prêtres

Dans chaque temple, il y a plusieurs prêtres, dirigés par un grand prêtre. Les prêtres doivent savoir lire et écrire. Leur fonction se transmet de père en fils. Ils constituent un groupe social riche et puissant, car ils perçoivent les impôts dus aux dieux. Les prêtres doivent être rasés et portent une longue robe. Ils prennent soin du dieu auquel est consacré le temple. Comme le dieu est censé habiter la statue qui le représente, chaque matin, les prêtres éveillent cette statue. Ils la lavent, la parfument, l'habillent et la nourrissent, puis déposent des offrandes à ses pieds. □

Le dieu Bès

Nain difforme, Bès est très laid, mais c'est cette laideur qui le rend utile aux hommes.

Son visage grimaçant fait fuir le mal. Les Égyptiens apprécient beaucoup ce dieu dont ils fixent la statue sur les portes de leurs maisons.

L'Égypte ancienne

Plus les pharaons sont puissants, plus leur empire s'étend au sud vers la Nubie.

procession qui accompagne le défunt après la mort

La vie après la mort

La momification

Le corps du défunt est d'abord vidé de ses entrailles et macère pendant quarante jours dans un sel qui le dessèche, le natron. Le prêtre embaumeur le bourre ensuite de résines et d'herbes aromatiques. Puis le corps, frictionné d'huiles et d'onguents, est enveloppé d'un grand linceul et emmailloté avec de fines bandelettes de lin, tandis que le prêtre lit des prières. Plusieurs linceuls peuvent être superposés de cette façon. À l'intérieur du linceul, des objets sont déposés en des endroits précis pour assurer une protection magique. Le visage est fardé et parfois pourvu d'yeux en émail, qui lui donnent un aspect vivant.

Pour les Égyptiens, l'homme continue à vivre après la mort. Le passage du royaume des vivants au royaume des morts est dangereux, c'est pourquoi les morts sont protégés par toutes sortes de rites et de prières. Les tombes sont conçues comme de véritables appartements, où sont entreposés tout le mobilier et les objets nécessaires au défunt dans sa nouvelle vie. Mais, auparavant, il lui faudra sortir vainqueur de l'épreuve redoutable du jugement d'Osiris.

modèle de barque en bois peint déposé dans la tombe de Toutankhamon (v. 1350 av. J.-C.)

Les rites funéraires

Le mort peut connaître une autre vie dans l'au-delà, à condition que son corps soit conservé. Pour cela, il faut **embaumer** le corps afin de le transformer en momie. Un masque peint à l'image du mort recouvre le visage. La momie est ensuite déposée dans trois **sarcophages** qui s'emboîtent les uns dans les autres. Ils ont la forme du corps du mort et le dernier est peint à son image.

Près du sarcophage sont placés tous les objets nécessaires à la vie quotidienne, notamment de la nourriture, des affaires de toilette, des bijoux, et aussi des armes. Des statuettes ou « shaouabtis » qui représentent les serviteurs travailleront à la place du mort dans l'au-delà. Les riches défunts emportent avec eux jusqu'à 365 shaouabtis, de façon à avoir un serviteur chaque jour de l'année !

momie d'un personnage important (IIIe-IIe s. av. J.-C.)

Les tombeaux

Pour protéger leur corps et les richesses qu'ils emportent dans l'au-delà, les pharaons se font construire des tombeaux géants sur la rive ouest du Nil. Cette rive était considérée comme la rive des morts parce que le soleil se couche de ce côté du fleuve. Les tombes des premiers pharaons, les **mastabas**, sont de grands édifices bas et rectangulaires. Le mastaba renferme un puits profond qui conduit à la chambre où repose le mort. Au-dessus se trouve la chambre des offrandes. Lorsque les pharaons décident de se faire construire des **pyramides**, les mastabas deviennent les tombes des hauts fonctionnaires du royaume.

prêtre apportant des offrandes au défunt

Les pyramides étaient d'abord à degrés, comme celle du roi Djoser à Saqqarah, symbolisant un gigantesque escalier pour monter au séjour des dieux. Puis leurs quatre pentes deviennent lisses et symbolisent un rayon de soleil, comme celles de la pyramide de Kheops. À l'intérieur, une longue galerie en pente conduit à un véritable appartement composé de plusieurs pièces séparées par des portes scellées, qui entourent la chambre où se trouve le sarcophage, et qui renferment les richesses du roi défunt. Un système de galeries et de chambres vides est destiné à tromper les voleurs, mais les tombes ont presque toutes été pillées du temps des pharaons.
Vers 1500 av. J.-C., les pharaons préfèrent faire creuser leurs tombes (hypogées) dans les parois abruptes des montagnes en face de la ville de Thèbes, dans la Vallée des Rois. Comme les mastabas, les hypogées sont constitués d'une chambre de **culte** comprenant plusieurs salles très grandes, ornées de bas-reliefs ou de peintures. Un puits secret conduit à la chambre du sarcophage.
Les tombes plus modestes sont des puits profonds de 5 m, au fond desquels se trouve une pièce juste assez grande pour recevoir le cercueil, dans lequel le mort n'est pas momifié. Quant aux pauvres, ils sont roulés dans une natte et enterrés à même le sable, avec quelques objets familiers.

Le jugement d'Osiris

Après la mort, le défunt commence un long voyage jusqu'au royaume d'Osiris (ou royaume des morts), qui le fait passer devant un tribunal. Le *Livre des morts,* recueil de formules magiques qui a été déposé dans le sarcophage, est censé aider le défunt qui doit répondre à l'interrogatoire d'Osiris sur les actes de sa vie. Puis l'âme du défunt est pesée : son cœur est placé sur un des plateaux de la balance, sur l'autre se trouve une plume. Si les plateaux sont en équilibre, le mort accède au royaume d'Osiris. Sinon, il est dévoré par un monstre et disparaît pour toujours. □

Un vase canope

Les entrailles retirées du corps du défunt ainsi que son cerveau, jugés nécessaires à sa survie, sont déposés dans des vases canopes qui accompagnent le mort dans sa tombe. Le couvercle représente généralement la tête d'un des 4 fils d'Horus, ici le faucon Kebehsenouf.

Les pyramides de Gizeh

Ces pyramides qui se trouvent près du Caire sont celles des pharaons Kheops, Khephren et Mykerinus. Ce sont les plus grandes jamais construites. Elles sont précédées des trois pyramides des reines.

La pesée de l'âme

Après sa mort, le défunt (à droite, vêtu de blanc) se rend dans le royaume des morts. Il va être jugé devant un tribunal pour les actions, bonnes ou mauvaises, qu'il a commises au cours de sa vie. Son âme est pesée sur les plateaux d'une balance : si elle est trop lourde, il sera dévoré par le monstre des enfers ; si elle est légère, il pourra rester éternellement dans le royaume des morts. Ici, le tribunal est composé des dieux Horus (assis à gauche), Anubis, le dieu chacal, et Thot, le dieu ibis qui tient les comptes. C'est souvent le dieu Osiris (ci-dessus), que l'on reconnaît facilement à sa couleur verdâtre, qui préside le tribunal.

De nombreux récits rédigés par les anciens Grecs décrivent les dieux auxquels ils croyaient. Pour leur rendre hommage, les Grecs se réunissaient dans de vastes sanctuaires où ils organisaient de grandes fêtes.

La religion des Grecs

- **acropole** : partie la plus élevée des cités de la Grèce antique. La plus célèbre est l'Acropole d'Athènes, sur laquelle ont été construits de magnifiques temples au vᵉ s. av. J.-C.
- **autel** : table, surface sur laquelle on dépose ce que l'on offre aux dieux et où l'on fait les sacrifices.
- **cité** : petit État indépendant composé d'une ville et de la campagne environnante. Chaque cité a ses propres lois.
- **héros** : personnage mythologique à qui l'on attribue des exploits extraordinaires.
- **libation** : offrande à une divinité d'un liquide que l'on répandait sur le sol ou sur un autel.
- **pentathlon** : ensemble de cinq épreuves sportives.
- **sanctuaire** : édifice consacré aux cérémonies religieuses ; lieu saint.

À partir de 600 av. J.-C., la Grèce est constituée de **cités** indépendantes et rivales les unes des autres : Athènes, Sparte... Malgré les querelles qui les opposent, les différentes cités partagent les mêmes croyances. Celles-ci consistent en un ensemble de récits merveilleux, les mythes, qui expliquent l'origine du monde et des hommes et racontent les aventures des dieux et des déesses.

Les mythes et les textes

À l'origine, les mythes ne sont pas écrits. Des conteurs, les aèdes, apprennent ces récits par cœur, puis les chantent devant leur public en s'accompagnant à la cithare. Le poète Homère, au IXᵉ ou au VIIIᵉ s. av. J.-C., serait le premier à avoir mis par écrit les légendes anciennes. Deux textes très célèbres lui sont attribués : *l'Iliade* et *l'Odyssée*, qui nous renseignent abondamment sur les croyances des Grecs.

L'Iliade raconte la guerre qui oppose les Grecs à la ville de Troie (on pense qu'elle était située dans la Turquie actuelle). Durant cette guerre, certains dieux prennent parti pour les Grecs, d'autres pour les Troyens. Ils se querellent ainsi par l'intermédiaire des hommes, et le sort de ces derniers dépend de leur volonté.

L'Odyssée raconte le retour du **héros** grec Ulysse dans sa patrie, après la guerre de Troie. Persécuté par certains dieux, protégé par la déesse Athéna, il met dix ans à rentrer chez lui, après de nombreuses aventures au cours desquelles il rencontre le cyclope Polyphème, la magicienne Circé, les Sirènes, la nymphe Calypso, la belle Nausicaa.

La création du monde

Les Grecs expliquent la naissance du monde par l'action des dieux. À l'origine, le Chaos donne la vie à Gaia, la Terre, qui fait naître les montagnes et le ciel, Ouranos. Puis Gaia

le temple grec de Ségeste (vᵉ s. av. J.-C., Sicile, Italie)

Dionysos tenant une coupe et Héphaïstos monté sur une mule

Les douze dieux de l'Olympe

Héra, Zeus, Poséidon, Hadès

Athéna, Aphrodite, Artémis, Dionysos, Héphaïstos, Arès, Hermès, Apollon

s'unit à Ouranos et donne naissance à des géants, les Titans, qui sont les premiers maîtres de l'Univers. L'un d'entre eux, Cronos, dévore tous ses enfants, sauf le dernier, Zeus, sauvé par sa mère. Devenu adulte, Zeus se révolte contre son père, l'oblige à recracher ses frères et sœurs, et, ensemble, ils combattent les Titans. Ils sont victorieux et Zeus devient le roi des dieux. Selon un autre mythe, c'est un Titan, Prométhée, qui aurait créé l'homme avec de l'argile et de l'eau.

Les dieux de l'Olympe

Les douze dieux principaux habitent sur l'Olympe, la plus haute montagne de Grèce. Ils vivent en famille sous l'autorité de Zeus, le maître du ciel. Près de lui vivent sa femme Héra, déesse du Mariage, et leurs nombreux enfants : Athéna, déesse de la Sagesse, des Arts et des Sciences, qui est sortie tout armée de la tête de Zeus ; Apollon, dieu du Soleil ; Aphrodite, déesse de l'Amour ; Arès, dieu de la Guerre ; Artémis, déesse de la Chasse, et Hermès, messager des dieux. D'autres dieux de l'Olympe sont les frères et sœurs de Zeus, comme Héphaïstos, dieu du Feu et des Forges, Poséidon, le dieu de l'Océan, qui habite au fond des mers, et Hadès, le dieu des Enfers et de la Mort, qui vit sous terre. Les Grecs croient que les dieux ont une apparence humaine. Ils vénèrent leurs statues. Ils leur prêtent aussi les passions, les qualités et les défauts des êtres humains.

Les dieux se disputent souvent, mais ils font aussi de grands banquets au cours desquels ils se nourrissent d'ambroisie et de nectar, substances qui les rendent immortels. En effet, à la différence des hommes, les dieux sont immortels et tout-puissants. Ils interviennent à tout moment dans la vie des hommes.

Les héros

Les héros sont souvent fils d'un dieu et d'un être humain, et ils accomplissent des exploits extraordinaires avec l'aide des dieux. Le plus célèbre de tous est Héraclès (Hercule), fils de Zeus et d'une mortelle, qui a une force surhumaine, et effectue douze exploits (les douze travaux) en principe impossibles à réaliser, comme étouffer le lion qui ravageait la région de Némée en Asie Mineure, nettoyer les immenses écuries d'Augias, ou enchaîner Cerbère, le chien monstrueux à trois têtes, gardien des Enfers. □

Héraclès et le centaure Nessos

Le centaure Nessos, monstre mi-homme, mi-cheval avait offensé la femme d'Héraclès, Déjanire. Héraclès décide alors de le tuer. En mourant, Nessos donne sa tunique trempée de sang à Déjanire, en lui disant que si Héraclès la porte, il sera un mari toujours fidèle. Mais lorsqu'il revêt la tunique, Héraclès ressent de telles douleurs qu'il met fin à ses jours.

La Grèce antique

Le monde grec est plus étendu que la Grèce elle-même : il comprend les cités d'Asie Mineure et les nombreuses colonies fondées autour de la Méditerranée à partir du VIIIe s. av. J.-C.

le sanctuaire de Delphes (VIe s. av. J.-C., Grèce)

Les grands sanctuaires et les fêtes

La pythie de Delphes

Les Grecs se rendent à Delphes pour célébrer le dieu Apollon et lui demander conseil. Sa réponse, l'oracle, est donnée par une femme, la pythie. Assise sur un tabouret à trois pieds, celle-ci répond aux questions des consultants en poussant des cris ou en prononçant des mots dépourvus de sens. Les prêtres interprètent la réponse de la pythie.

La religion des Grecs est faite de pratiques et de rites qui accompagnent tous les actes importants de la vie publique et de la vie privée. Prières, offrandes, **libations**, sacrifices d'animaux, processions, concours sportifs ou artistiques sont pour les Grecs les multiples façons d'obtenir l'aide des dieux et de les remercier de leur protection.

Culte public et culte privé

Chaque cité honore son dieu protecteur à qui est consacré un temple : c'est ce que l'on appelle le culte public. Des citoyens élus ou tirés au sort remplissent la fonction de prêtre. Tout citoyen peut être prêtre, aucune formation particulière n'est nécessaire. Le prêtre chargé du culte public organise les fêtes et les cérémonies.

Ces dernières se déroulent toujours à l'extérieur, autour du temple. Là, le prêtre sacrifie bœufs, porcelets ou chevreaux parés de couronnes en faisant brûler une partie de la chair des animaux sur un **autel**.
Le culte privé se pratique à l'intérieur de chaque maison, sur un petit autel où le feu sacré ne doit jamais s'éteindre. Chaque matin le père de famille fait des libations : en récitant des prières, il répand sur le sol quelques gouttes de vin, de lait ou de miel. Au début de chaque repas, il offre pain, fruits, légumes ou gâteaux à Hestia, déesse du Foyer. C'est à elle que le mari présente la femme qu'il vient d'épouser, un nouveau-né ou un nouvel esclave.

Les grands sanctuaires

À l'origine, les **sanctuaires** sont de petits temples que les Grecs élèvent sur des lieux qu'ils considèrent comme sacrés. Ce peut être une source où une déesse s'est baignée, un bois où un dieu s'est reposé. Au fil du temps, grâce aux offrandes des croyants, l'édifice s'agrandit, d'autres temples sont construits à proximité, et parfois, comme à Épidaure, on bâtit un théâtre où l'on donne des représentations en l'honneur des dieux ; en effet, ce sont les Grecs qui ont inventé les représentations théâtrales : tragédies et comédies. Celles-ci sont financées par les citoyens riches. Des fêtes se déroulent à date fixe dans les sanctuaires, et les Grecs des différentes cités s'y rassemblent. Ils viennent

course de quadriges (chars tirés par quatre chevaux)

le théâtre d'Épidaure (IVe s. av. J.-C., Grèce)

de toutes les régions du pays à Olympie pour honorer Zeus, à Delphes pour célébrer Apollon ou à Épidaure pour prier le dieu guérisseur Asclépios, fils d'Apollon.

entraînement au pugilat

Au cours des fêtes ont lieu des concours de chant et de poésie, comme à Delphes, ainsi que des épreuves sportives.

Les jeux Olympiques

À Olympie, depuis 776 av. J.-C., des jeux, sortes de concours sportifs, qui comprennent également des concours musicaux et littéraires, se déroulent pendant sept jours en été, tous les quatre ans, en l'honneur de Zeus et de son épouse Héra. Les femmes ne sont pas autorisées à y participer ni à y assister. Un mois avant le début des jeux, une trêve olympique est proclamée, pendant laquelle la paix règne entre les cités. Les athlètes peuvent alors se rendre à Olympie sans risque. Le stade accueille une foule immense, évaluée à 20 000 spectateurs. Les épreuves sportives sont au nombre de 10 pour les adultes (course à pied, lutte, pugilat, c'est-à-dire combat à coups de poing, **pentathlon**, course de chars...) et au nombre de 3 pour les enfants : course à pied, lutte et pugilat.

Les vainqueurs sont récompensés par une couronne de rameaux d'olivier et sont accueillis avec beaucoup d'honneurs à leur retour dans leur cité.

Les panathénées

La déesse protectrice d'Athènes est Athéna, qui a donné son nom à la ville et dont la statue s'élève dans le plus grand temple de la cité, le Parthénon, situé sur l'**Acropole** (une colline sur laquelle sont construits les temples). Chaque année en juillet, et plus solennellement tous les quatre ans, toute la population célèbre Athéna lors de la fête des panathénées.

À cette occasion, une tunique (le péplos) est tissée pendant neuf mois par des fillettes de 7 à 12 ans pour revêtir la statue d'Athéna. Puis le péplos est porté en procession de la cité au sommet de l'**Acropole**, où se trouve le temple de la déesse. En tête du cortège marchent les magistrats et les prêtres, puis les vieillards tenant des branches d'olivier. Les femmes viennent ensuite, portant des corbeilles d'offrandes. Enfin, la marche est fermée par la cavalerie. La fête se termine par un grand sacrifice d'animaux. □

Sacrifice d'un porc

Le sacrifice est l'acte qui relie les hommes aux dieux. L'offrande consiste en viande de boucherie, rare en Grèce. Une partie de la chair, entièrement brûlée, sert de nourriture aux dieux, l'autre, grillée, est pour les fidèles.

Course d'athlètes

À la palestre, lieu public que l'on retrouve dans toutes les cités grecques, les citoyens s'entraînent aux exercices sportifs pratiqués en l'honneur des dieux. Ils sont très peu vêtus : « gymnastique » vient du grec *gymnos* qui signifie « nu ».

La religion traditionnelle des Romains est d'abord centrée sur la famille et le culte des ancêtres. Mais, au contact des peuples conquis, notamment les Grecs, les croyances se transforment et s'enrichissent d'apports nouveaux.

La religion des Romains

- augure : prêtre qui interprète les présages, comme le vol des oiseaux ou l'appétit des poulets sacrés, pour connaître la volonté des dieux.
- culte : hommage que l'on rend à un dieu ou à une divinité ; cérémonie religieuse par laquelle on rend cet hommage.
- déifier : considérer comme un dieu.
- devin : personne qui prétend être capable de lire l'avenir, de faire de la divination.
- génie : divinité protectrice propre à chaque individu.
- haruspice : prêtre qui examine les entrailles des animaux, notamment le foie, pour connaître la volonté des dieux.
- laraire : autel qui se trouvait dans la maison, et était destiné au culte des lares.
- lare : dieu protecteur du foyer. Il existe aussi des lares protecteurs des carrefours.
- mânes : âmes des morts, considérées comme des divinités.
- pénates : divinités protectrices du foyer, et plus particulièrement du garde-manger et du mobilier.
- présage : signe dont on pense qu'il annonce la volonté des dieux ou l'avenir.
- rite : ensemble des pratiques et des cérémonies religieuses que les hommes accomplissent dans le cadre d'une croyance, d'une religion.

Lors de sa création, au VIIIe s. av. J.-C., Rome n'est qu'un village. Puis elle devient une ville puissante qui, du IIe au Ier s. av. J.-C., conquiert la Grèce, l'Asie Mineure, la Judée, l'Espagne et la Gaule. Rome devient alors un immense empire qui dure jusqu'aux invasions barbares du Ve s. apr. J.-C. La religion romaine se répand parmi les peuples conquis, mais elle leur emprunte également beaucoup.

Le culte domestique

Les premiers dieux que les Romains vénèrent sont ceux qui protègent la famille. Ainsi, chaque famille honore les divinités de la maison et accomplit aux côtés du père de famille, considéré comme un prêtre, de nombreux **rites** devant l'autel domestique appelé **laraire**. Chaque jour, on dépose sur l'autel des offrandes à la divinité protectrice du foyer appelée **lare** : un peu de vin, du pain et quelques fruits. La veille de leur mariage, les jeunes filles lui offrent leurs poupées, pour signifier que leur enfance est terminée. Les **pénates** veillent sur le mobilier et le garde-manger, tandis qu'un **génie** protège le père de famille, dont les prières et les offrandes sont destinées à chasser les voleurs et le mauvais sort. Enfin, les **mânes**, représentant les esprits des ancêtres, font aussi l'objet d'un **culte**.

autel domestique, ou laraire : le génie protecteur du père de famille est représenté entre deux dieux lares (Pompéi, Italie)

autel des dieux lares dans une maison de Pompéi (Italie)

augure reconnaissable à son bâton et au poulet sacré

Dieux romains et dieux grecs

Devenus maîtres de la Grèce, les Romains établissent des correspondances entre leurs dieux et ceux des Grecs, tout en changeant leur nom et en modifiant parfois leurs fonctions. Les principaux dieux romains sont : Jupiter (Zeus), Junon (Héra), Neptune (Poséidon), Vénus (Aphrodite), Minerve (Athéna), Mercure (Hermès), Vulcain (Héphaïstos), Cérès (Déméter), Bacchus (Dionysos), Apollon (Apollon), Mars (Arès), Diane (Artémis).

Le culte impérial

Au Ier s. av. J.-C., avec l'empereur Auguste, la personne de l'empereur devient sacrée, et un culte lui est rendu dans tout l'Empire romain. Le mois d'août *(Augustus)* lui est dédié et, le premier jour de ce mois, de grandes fêtes se déroulent. On célèbre l'empereur en édifiant des temples et en sculptant des statues à son image. À sa mort, le sénat, l'assemblée responsable des lois, le **déifie**. Désormais, à son nom est associé celui de Jupiter.
À partir de la deuxième moitié du Ier s. apr. J.-C., les empereurs, de leur vivant, cherchent à être considérés comme des dieux : Néron s'identifie à Apollon et Commode à Hercule. Dans tout l'Empire romain sont élevées des statues « de Rome et d'Auguste » et tous les citoyens sont obligés de pratiquer le culte impérial.

Les prêtres

Tous les prêtres sont placés sous les ordres du grand pontife, titre réservé à l'empereur à partir d'Auguste, au Ier s. av. J.-C. Désigné à vie, celui-ci fixe le calendrier des fêtes durant lesquelles ont lieu des courses de chars ou des combats de gladiateurs.
Il détermine également les jours fastes pendant lesquels il est permis de travailler et les jours néfastes pendant lesquels les dieux interdisent toute activité.
Par ailleurs, des femmes jouent un rôle important : ce sont les vestales. À Rome, dans un temple consacré à la déesse Vesta, gardienne du feu sacré, les vestales sont chargées de maintenir le feu. Recrutées à l'âge de dix ans, elles doivent assurer leurs fonctions pendant trente ans et ne peuvent se marier.
Enfin, avant d'entreprendre toute action importante, les Romains cherchent à connaître la volonté des dieux. Dans ce but, des **devins**, appelés **haruspices**, examinent les entrailles des animaux sacrifiés. Des prêtres, les **augures**, observent le vol des oiseaux dans le ciel, la forme des nuages ou l'appétit des poulets sacrés : autant de **présages** qu'ils sont chargés d'interpréter. □

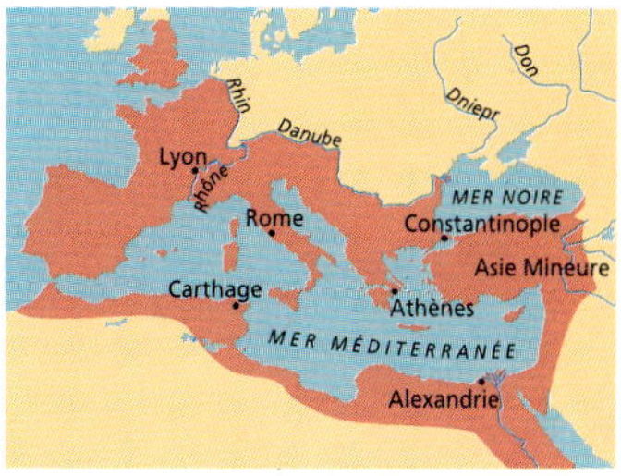

L'Empire romain

Au IIIe s. av. J.-C., l'Empire romain s'étend sur tout le pourtour de la Méditerranée.

Les Étrusques

Les Étrusques dominent l'Italie centrale avant les Romains. Ils ont transmis à ces derniers l'art de deviner la volonté des dieux.
Pour eux, les morts continuent de mener une vie calme et paisible. Les époux, comme le montre ce sarcophage (vers 520 av. J.-C.), sont parfois enterrés ensemble.

De multiples peuples guerriers vivent au temps des Grecs et des Romains. Ce sont notamment les Scythes, les Celtes, les Germains et les Slaves. Ils parcourent les grandes plaines du nord et du centre de l'Europe.

Les peuples nomades en

- **autel** : table, surface sur laquelle on dépose ce que l'on offre aux dieux, où l'on fait les sacrifices.
- **devin** : personne qui affirme être capable de lire l'avenir, de pratiquer la divination.
- **druide** : chez les Celtes, prêtres qui avaient aussi des fonctions d'éducateur, de juge, d'arbitre entre les peuples, et, parfois, de devin. Chaque année, ils cueillaient le gui sacré sur les chênes. Les druides étaient peu nombreux et bénéficiaient d'un immense prestige.
- **fécondité** : fait de pouvoir se reproduire, de pouvoir avoir des enfants. Dans les anciennes croyances religieuses, la fécondité de la terre était comparée à celle de la femme.
- **funérailles** : cérémonie solennelle d'enterrement.
- **nomade** : qui n'a pas d'habitation fixe et se déplace d'un lieu à un autre.
- **offrande** : don que l'on fait à une divinité. Ce peut être de la nourriture, des parfums, des objets, des bijoux...
- **rite funéraire** : ensemble des pratiques et des cérémonies religieuses accomplies en l'honneur des morts.
- **sacrifice** : offrande faite à une divinité, notamment en tuant des animaux.

C'est à travers les récits des Grecs, des Romains et des écrivains chrétiens du Moyen Âge que nous connaissons les peuples d'Europe du Nord et d'Europe centrale. En effet, ces derniers n'ont pas laissé de témoignages écrits, car leur culture se transmettait par la parole. Nous avons aussi quelques informations sur les religions qu'ils pratiquaient grâce aux objets retrouvés par des fouilles archéologiques ; celles-ci nous renseignent en particulier sur leurs **rites funéraires**.

Les Scythes

On pense que le peuple scythe s'est établi entre le Danube et le Don, au sud de l'actuelle Russie, à partir du XIIe s. av. J.-C. Au cours du IIIe s., les Scythes, chassés par d'autres tribus **nomades**, s'installent au bord de la mer Noire.
Cavaliers et guerriers redoutables, les Scythes parcourent les steppes, montés sur leurs petits chevaux. Nomades, ils se déplacent avec leurs troupeaux à la recherche de riches pâturages. Ils n'ont ni **autels**, ni temples, ni statues pour honorer leurs dieux, dont les principaux sont le ciel-père, Papa, marié à la terre-mère, Api. Ils vénèrent aussi la déesse du Feu Tabiti et le dieu de la Guerre représenté par une épée plantée dans un tas de broussailles. Des animaux, surtout des chevaux, sont offerts aux dieux en **sacrifice**. Les Scythes croient que les hommes ont une âme qui continue à vivre après leur mort. Pour les **funérailles** de leurs chefs de guerre, ils organisent des cérémonies grandioses. Le chef de la tribu est enterré avec ses chevaux. La tombe est une véritable chambre construite en bois, où sont déposés près du mort des armes et des bijoux en or, ainsi que de la viande et du vin pour son dernier voyage. La tombe est recouverte d'un énorme monticule en terre, appelé « tumulus ».

Les Celtes

Originaires pour l'essentiel d'entre eux du sud de l'Allemagne, les Celtes s'installent dans toute l'Europe de l'Ouest, au cours du Ier millénaire av. J.-C., dans les Balkans et en Asie Mineure. Mais, entre les IIIe et Ier s. av. J.-C., les Germains puis les Romains les font reculer. Seuls subsistent les royaumes d'Irlande où sont installés des Celtes depuis le Ve s. av. J.-C.
Les Celtes croient à de nombreux dieux qui, souvent, forment des familles. Les dieux des Celtes de Gaule et ceux des Celtes d'Irlande se ressemblent mais portent parfois des noms différents. Ainsi, le dieu qui représente à la fois la lumière, l'air, la vie et la mort est appelé Taranis en Gaule et Dagda en Irlande. Brigitte, qui signifie « la brillante », déesse des Celtes d'Irlande, fille de Dagda, est l'équivalent, chez les Celtes gaulois, d'Épona, déesse cavalière de la Guerre et de la Sagesse. Enfin, une place

dieu au sanglier (Gaule celtique)

dieu à la roue et animaux fantastiques celtes

Europe

particulière est faite à Lug, le dieu suprême, et à Cernunnos, le dieu qui porte une ramure de cerf, symbole de la **Fécondité**.
Les rites religieux sont assurés par les **druides**, à la fois prêtres, savants, guérisseurs, enseignants et **devins**. Leur savoir se transmet grâce à de longs poèmes qu'ils apprennent par cœur.

Les Germains

Partis du sud de la Scandinavie, les Germains s'établissent aux Ier et IIe s. apr. J.-C. au centre et au nord de l'Europe. Leurs croyances sont connues grâce à l'historien romain Tacite (Ier s.) et par les légendes du Moyen Âge. Les Scandinaves, ou Vikings, descendants des Germains du nord de l'Europe, croient aux mêmes dieux. Ces derniers ont des points communs avec les dieux celtes. Les peuples germains distinguent deux groupes de divinités : les Ases, dieux souverains et guerriers, et les Vanes, dieux de la Fécondité et de la Production. Le dieu le plus puissant est Odin, ou Wotan (qui signifie « fureur »), dieu de la Guerre et de la Poésie, qui appartient à la famille des Ases. Thor, ou Donar (qui signifie « tonnerre »), est le dieu de la Foudre, armé d'un marteau. Le dieu Tyr représente la Justice. L'épouse d'Odin, Frigg, fait partie des Vanes, elle est la déesse du Mariage et de l'Accouchement. Tous les dieux habitent Asgard, une montagne au centre de l'Univers.

le dieu Thor

On les représente formant un tribunal au pied d'un grand arbre, le frêne Yggdrasil, qui soutient le monde. À l'occasion de fêtes, les Germains célèbrent leurs dieux par de grands festins et des **offrandes**. Il n'y a pas de prêtres : souvent, c'est le chef de la tribu qui organise et dirige les sacrifices.

Les Slaves

Les Slaves sont divisés en différents groupes. Originaires de Pologne et de Russie, ils se répandent en Europe orientale au Ier s. apr. J.-C. Le culte de la nature et celui des morts semblent être à la base de leur vie religieuse. La religion des Slaves s'organise autour de dieux bien définis : Perun, le dieu du Tonnerre et des Éclairs chez les Russes, Stantevit chez les Slaves occidentaux. Les Slaves peuplent la nature de nombreux esprits qui interviennent dans la vie quotidienne. □

Les peuples nomades d'Europe

En Europe de l'Ouest et en Europe du Nord, vivaient des peuples guerriers qui se sont déplacés au cours de l'Antiquité.

Le char de Trundholm

Fabriqué en 1650 av. J.-C., ce char germanique en bronze plaqué d'or a été bien conservé grâce à la tourbe dans laquelle il était enfoui. Un cheval de 20 cm tire le disque du soleil. Cela prouve l'existence d'un culte solaire chez les Germains.

Les Mayas, les Aztèques et les Incas ont laissé en Amérique centrale et en Amérique du Sud de nombreux monuments religieux qui permettent de mesurer l'importance du rôle de la religion chez ces peuples.

Mayas, Aztèques et

- **astrologie : pratique qui consiste à étudier l'influence de la position des astres sur les événements terrestres, sur le comportement et la destinée des hommes.**
- **astronomie : étude de l'Univers et de sa constitution, ainsi que de la position, du mouvement et de la nature des astres.**
- **cité : petit État indépendant composé d'une ville et de la campagne environnante. Chaque cité a ses propres lois.**
- **culte : hommage que l'on rend à un dieu ou à une divinité ; cérémonie religieuse par laquelle on rend cet hommage.**
- **libation : offrande à une divinité d'un liquide que l'on répandait sur le sol ou sur un autel.**
- **offrande : don que l'on fait à une divinité. Ce peut être de la nourriture, des parfums, des objets, des bijoux...**
- **précolombien : qui existait en Amérique avant l'arrivée de Christophe Colomb, en 1492.**
- **sacrifice : offrande faite à une divinité, notamment en tuant des animaux.**

On appelle **précolombiennes** les civilisations qui existaient en Amérique bien avant l'arrivée de Christophe Colomb, en 1492. Les plus remarquables d'entre elles par leurs richesses et l'étendue de leurs connaissances se sont développées en Amérique centrale et dans les Andes. Les principaux empires sont ceux des Mayas, des Aztèques et des Incas. Au XVIe s., ces civilisations disparaissent avec la conquête espagnole.
Les coutumes et les croyances de ces trois peuples, qui vivent de l'agriculture, ont des caractères communs. Les principales puissances de la nature, comme le soleil, la lune, la pluie ou le tonnerre, sont honorées. Les prêtres sont très puissants et jouent un rôle important, car ils possèdent le savoir : ils connaissent les mathématiques, l'**astronomie**, l'**astrologie** et la médecine. Ils établissent des calendriers très précis. Ils dirigent les cérémonies dans des temples dressés dans les **cités**. Enfin, la survie de l'âme après la mort est une croyance commune à ces peuples, qui craignent et respectent leurs morts.

masque mortuaire maya (VIIe s. apr. J.-C.)

Les Mayas

La plus ancienne civilisation précolombienne est celle des Mayas, du IIIe au Xe s. apr. J.-C. Leur territoire s'étend à l'origine sur une grande partie de l'Amérique centrale : presqu'île du Yucatán, Guatemala et Honduras actuels. Les Mayas sont organisés en cités indépendantes et n'ont pas créé de grand empire comme les Aztèques ou les Incas. Leur religion est mal connue. On sait cependant que les dieux mayas sont nombreux et en relation avec tous les phénomènes de la nature. Représentés sous une apparence mi-humaine, mi-animale, ils sont bienfaisants ou malfaisants. Les divinités principales sont Hunabku, le père des dieux, Itzamna, roi du ciel, dieu principal des prêtres, qui a apporté aux hommes l'écriture et le calendrier, et sa compagne Ixchel, déesse mère.

Les Aztèques

Les Aztèques sont d'anciens nomades venus du Nord-Ouest mexicain. Au XIIe s., ils s'installent dans la vallée de Mexico, où ils fondent, au XIVe s., leur capitale, Tenochtitlán (aujourd'hui Mexico). Ils conquièrent les peuples voisins et établissent un vaste empire. Les principaux dieux aztèques sont

détail d'un calendrier aztèque

ncas

Quetzalcoatl, dieu de la Lumière qui a apporté la civilisation aux hommes ; Tezcatlipoca, dieu de la Nuit, de l'Hiver et de la Mort ; Huitzilopochtli, dieu-soleil, dieu de la Guerre ; Tlaloc, dieu de la Pluie et du Tonnerre ; Chicomecoatl, déesse du Maïs ; Tlazolteotl, déesse de l'Amour.

Les Aztèques croient que l'Univers créé par les dieux se détruit peu à peu avec le temps. Pour empêcher que le monde ne disparaisse une nouvelle fois, et pour que le soleil réapparaisse chaque jour, ils pensent qu'il est nécessaire d'offrir aux dieux le sang des hommes. Ainsi, le **sacrifice** humain est à la base de la religion des Aztèques. Ils livrent des guerres incessantes aux peuples voisins. Cela leur permet de se procurer beaucoup de prisonniers dont ils arrachent le cœur encore palpitant pour l'offrir aux dieux.

Les Incas

Au XIIIe s., en Amérique du Sud, sur les hauts plateaux du Pérou, le peuple inca conquiert les peuples voisins et règne sur un immense territoire. Au début du XVIe s., l'Empire inca est un État très organisé, avec un chef tout-puissant, l'empereur, appelé « l'Inca », considéré comme le fils du dieu-soleil, Inti, et dieu lui-même. Les Incas placent Inti au centre de leur religion et imposent son **culte** aux populations conquises. Le couronnement et la mort de l'empereur donnent lieu à de grandes cérémonies qui comportent des **offrandes**, des **libations**, des sacrifices de lamas et parfois même d'enfants. Enfin, les Incas accordent une place particulière au culte des ancêtres. □

vue d'ensemble de l'ancienne cité inca de Machu Picchu (Pérou)

Le dieu Quetzalcoatl

Ce dieu aztèque était à la fois homme, serpent et oiseau. Quand les conquérants espagnols sont arrivés, coiffés de casques à plumes, les Aztèques les ont pris pour des réincarnations de Quetzalcoatl.

Les précolombiens

Les empires précolombiens se sont développés en Amérique centrale (Aztèques, Mayas) et sur les hauts plateaux de la cordillère des Andes (Incas).

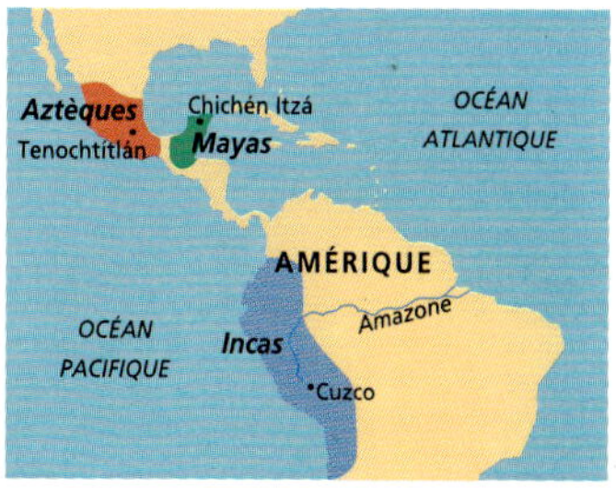

les religions

Livre

32 **les trois religions du Livre**
Le judaïsme, le christianisme et l'islam sont trois religions qui reconnaissent un Dieu unique, celui qui s'est révélé pour la première fois au patriarche Abraham.

34 **le judaïsme**
Le judaïsme est la religion du peuple juif. Il repose sur la Bible hébraïque qui raconte l'histoire des rapports de Dieu et du peuple d'Israël.

40 **le christianisme**
Le christianisme se fonde sur l'enseignement donné par Jésus, au premier siècle de l'ère chrétienne. Pour les chrétiens, Jésus est le fils de Dieu, il est mort sur la croix et ressuscité.

54 **l'islam**
L'islam, religion révélée au prophète Mahomet au VIIe s. apr. J.-C., se répand rapidement dans le monde. Le livre sacré de l'islam est le Coran, qui contient l'enseignement de Mahomet.

Le judaïsme, le christianisme et l'islam sont les trois grandes religions monothéistes du monde actuel. Leurs fidèles croient en un Dieu unique, dont la parole a été révélée aux hommes et transcrite dans un livre.

Les trois religions du Livre

Les trois religions **monothéistes** sont apparues à des époques différentes, dans le Moyen-Orient ancien : le judaïsme avec Abraham, Isaac et Jacob, au XIXe s. av. J.-C. dans le pays de Canaan ; le christianisme avec Jésus-Christ et les douze **apôtres**, au Ier s. de l'ère chrétienne, en Judée et en Galilée ; l'islam, avec Muhammad (Mahomet), en 622 apr. J.-C., en Arabie.

La Bible, l'Évangile, le Coran

Les trois religions se donnent pour mission de faire connaître sur toute la terre le Dieu unique. Elles enseignent qu'Il parle par l'intermédiaire des **prophètes**, des sages, et parfois de messagers (les anges). Les paroles de Dieu sont écrites dans les livres saints : la Bible, pour les **juifs**, la Bible complétée par les Évangiles, pour les **chrétiens**, et le Coran, pour les **musulmans**.

La Bible est l'histoire de la vie et de l'espérance du peuple **hébreu** ; c'est aussi le récit de la révélation du Dieu unique qui se fait connaître aux hommes en dévoilant son Nom (« Je suis ») et en donnant ses « **commandements** ».

Le premier homme qui a cru à la **révélation** du Dieu unique est Abraham.

Abraham se prépare à sacrifier son fils (synagogue de Beit Alpha, Israël, VIe s. apr. J.-C.).

- **apôtre (du grec *apostolos*, « envoyé ») : nom donné aux douze compagnons que Jésus-Christ choisit pour aller porter sa parole à travers le monde.**
- **chrétien : personne qui croit en Jésus-Christ, Fils de Dieu.**
- **commandement : règle, loi que l'on doit suivre. Moïse reçut de Dieu les dix commandements qu'il transmit au peuple hébreu.**
- **foi : croyance en Dieu.**
- **Hébreux : peuple de l'Orient ancien dont la Bible retrace l'histoire. Les Hébreux sont les ancêtres des Juifs.**
- **juif : personne appartenant à la communauté religieuse et culturelle israélite.**
- **monothéiste : qui n'admet l'existence que d'un Dieu unique.**
- **musulman : se dit d'un fidèle de l'islam.**
- **patriarche : dans la Bible, chef de famille ou de tribu ayant vécu très longtemps, en des temps très reculés.**
- **prophète : homme qui a été appelé par Dieu, qui a entendu cet appel et qui le transmet aux hommes par ses paroles, ses actes, ses silences parfois.**
- **révélation (de Dieu) : manifestation de Dieu aux hommes pour leur faire connaître son existence.**
- **sacrifice : fait de tuer un être vivant en offrande à un dieu.**

le désert de Juda, un des lieux où Dieu s'est révélé

Jésus et Mahomet rendant visite au prophète Isaïe

Le patriarche Abraham

La Bible dit que, vers le XIXe s. av. J.-C., à Our, en Mésopotamie, Abraham entend cette parole de Dieu : « Quitte ton pays et va vers le pays que je te donnerai. » Obéissant à la parole divine, il part au pays de Canaan, qu'on appellera la terre d'Israël. Là, Dieu fait alliance avec Abraham et lui promet une descendance innombrable, parce qu'il a cru en Dieu. Dans le Coran, Abraham quitte Babylone pour la Syrie-Palestine. Aujourd'hui, juifs, chrétiens et musulmans se reconnaissent tous comme les descendants d'Abraham, car, comme lui, ils ont **foi** en un Dieu unique.

L'épreuve de la foi, dans la Bible

L'épisode le plus connu de l'histoire d'Abraham, selon la Bible, est le « **sacrifice** d'Isaac ». Le **patriarche** avait un premier fils, Ismaël, de sa servante Agar, sa femme Sara n'ayant pas eu d'enfant. Or Dieu accorde au vieux couple un fils, Isaac, et met Abraham « à l'épreuve », lui demandant de lui sacrifier son fils. Abraham n'hésite pas, mais Dieu arrête son bras prêt à tuer Isaac et remplace la victime par un bélier. Plusieurs significations sont données à cet épisode (par exemple, à cette époque où l'on sacrifiait des hommes aux dieux, il montre que Dieu interdit ces meurtres). Mais toutes s'accordent pour faire d'Abraham l'exemple de l'homme qui a eu foi en Dieu, par-dessus tout : aussi dit-on qu'il est le « père des croyants ».

L'interprétation de cette épreuve

Cet épisode a revêtu un sens propre, fort différent pour chacune des trois religions monothéistes. Pour les juifs, c'est une « épreuve divine » qui se produit sur le mont Moryah, situé, d'après la tradition, à Jérusalem, où le roi Salomon bâtira le temple de Dieu, lieu de sa « Présence ».
Pour les chrétiens, le sacrifice d'Isaac annonce celui de Jésus, qui mourra sur la croix pour sauver tous les hommes. Pour les musulmans, la victime est Ismaël (considéré comme l'ancêtre du peuple arabe, puis des musulmans) ; son frère Isaac naîtra en récompense de ce « sacrifice » ; pour beaucoup, le sacrifice a lieu en Arabie, sur la route de La Mecque, où, déjà, Ibrahim (Abraham) venait adorer Dieu.
Ces interprétations divergentes provoqueront de violents débats au cours de l'histoire.

Le Nom de Dieu

Les croyants des trois religions adorent le Dieu unique, mais le nomment différemment. Chez les juifs, ce sont quatre lettres que, par respect, on ne prononce pas : YHWH (on écrit Yahvé, en ajoutant des voyelles, mais dans la lecture on le remplace par « Adonaï », le Seigneur). Chez les chrétiens, c'est Dieu, Père, Fils et Saint-Esprit. Chez les musulmans, c'est Allah. Pour tous, c'est Celui qui est, le Miséricordieux. Son Nom – sous toutes les formes qu'on lui donne – signifie qu'Il est la source de toute existence. □

Adam et Ève

Les trois religions du Livre reconnaissent en Adam et Ève les ancêtres de l'humanité. Ces derniers vivaient dans un jardin idéal, le paradis terrestre (voir ci-dessus). Mais, un jour, le serpent, symbole du mal, les encourage à manger un fruit défendu. Adam et Ève se laissent tenter et croquent la pomme offerte par le serpent. Pour les punir, Dieu les chasse alors du paradis (ci-dessous).

Le judaïsme est la religion du peuple juif. C'est aussi son histoire, sa culture, son mode de vie. C'est la première religion à avoir affirmé l'existence d'un Dieu unique. Elle se fonde sur les textes de la Bible hébraïque.

Le judaïsme

Moïse recevant les Tables de la Loi

Après l'époque biblique et pendant près de 2 000 ans, le peuple juif a vécu dispersé à travers les différents pays du monde, uni par sa foi et son espérance en des temps meilleurs pour lui-même et pour l'humanité entière.

Abraham, Isaac et Jacob

L'histoire des Hébreux, telle qu'elle est racontée dans la Bible, commence quand Abraham (1 700 ans av. J.-C.) quitte Our en Chaldée (aujourd'hui l'Iraq) pour le pays de Canaan, que Dieu promet de donner à ses descendants. Abraham s'engage à obéir au Dieu unique et noue avec lui une « alliance » dont le signe est la **circoncision**. La foi d'Abraham grandit à travers les épreuves que Dieu lui envoie, comme celle du « sacrifice » (voir p. 33) de son fils Isaac. Jacob, fils d'Isaac, reçoit le nom d'**Israël**. Les descendants d'Abraham sont contraints par la famine à se réfugier en Égypte, où ils restent en esclavage pendant quatre siècles.

Moïse

Dieu choisit Moïse pour faire sortir les Hébreux d'Égypte : c'est la Pâque (ou « saut » vers la liberté), et les conduire à travers le désert jusqu'à la Terre promise (le pays de Canaan). Au mont Sinaï, Moïse reçoit de Dieu les « Dix Commandements » (ou « Dix Paroles »), qui seront gravés sur deux tables de pierre, les « Tables de la Loi », et portés dans un coffre, l'« Arche d'alliance ». Tous les Hébreux (les enfants d'Israël) s'engagent dans l'Alliance en acceptant les Dix Commandements. Pendant 40 ans, ils survivent dans le désert grâce à la protection divine. Avec Josué, successeur de Moïse, ils entreprennent la conquête de la Terre promise.

Les rois et les prophètes

À la fin du deuxième millénaire av. J.-C., les Hébreux décident de se donner un roi. Le prophète Samuel choisit d'abord Saül, puis David (1015-975 av. J.-C.) qui fait de Jérusalem la capitale du royaume. Le fils de David, Salomon, y bâtit, pour abriter l'Arche d'alliance, un temple qui sera le centre de la vie religieuse d'Israël. Le royaume est ensuite divisé : au nord, Israël ; au sud, Juda. C'est alors le temps des « **prophètes** », souvent simples bergers ou agriculteurs, inspirés par Dieu, qui incitent les princes et le peuple à respecter les commandements.

L'exil à Babylone et le retour

Le royaume d'Israël résiste mal aux envahisseurs qui le conquièrent en 722 av. J.-C. ; en 587 av. J.-C., le roi de Babylone

- **circoncision** : opération qui consiste à couper le repli de peau qui recouvre le gland de la verge du garçon.
- **diaspora** : mot grec qui signifie « dispersion ». La Diaspora, c'est la dispersion des juifs hors de la Palestine. C'est également l'ensemble des Juifs vivant actuellement hors de l'État d'Israël.
- **ghetto** : dans une ville, quartier à part où les juifs étaient obligés d'habiter.
- **Israël** : nom donné à Jacob, petit-fils d'Abraham, puis à l'ensemble du peuple juif, appelé Israël, peuple d'Israël ou israélites. C'est aussi le nom donné à l'État créé au Proche-Orient, en 1948, l'État d'Israël.
- **profession de foi** : proclamation solennelle qui engage la foi d'une personne ou d'une communauté.
- **prophète** : homme qui a été appelé par Dieu, qui a entendu cet appel et qui le transmet aux hommes par ses paroles, ses actes, ses silences parfois.
- **synagogue** (du grec *sunagôgê* qui signifie « réunion ») : édifice où est célébré le culte israélite.

la menora emportée à Rome après la destruction du Temple

Nabuchodonosor envahit le royaume de Juda, détruit le Temple et déporte à Babylone une grande partie des habitants de Juda, désormais appelés les juifs. Vers 538 av. J.-C., ceux-ci regagnent leur pays, relèvent le Temple et réorganisent la vie religieuse. Mais les Grecs puis les Romains occupent bientôt la région.

La Diaspora

En 70 apr. J.-C., après une révolte des juifs, les Romains incendient Jérusalem. Il ne subsiste du Temple que le Mur occidental (ou mur des Lamentations). De nombreux juifs partent pour l'Égypte, le Maghreb, l'Europe ou la Babylonie. L'histoire de la **Diaspora** est marquée par les persécutions subies par les juifs d'Europe au Moyen Âge. Ils sont souvent contraints de vivre dans des **ghettos**. Ils sont expulsés d'Angleterre en 1290, de France en 1394 et d'Espagne en 1492. Durant tout ce temps, ils continuent à approfondir leur réflexion religieuse. À la fin du XIXe s. se développe l'antisémitisme, courant qui prône la haine des juifs et les considère comme inférieurs et dangereux. Dans la Russie des tsars, les juifs fuient les pogroms (massacres). Pendant la Seconde Guerre mondiale, environ 6 millions de juifs (hommes, femmes, enfants) sont méthodiquement exterminés. C'est la Shoah (« catastrophe », en hébreu), la plus terrible persécution antisémite de l'histoire, organisée par Hitler et le régime nazi en Allemagne et dans tous les pays d'Europe occupés. En 1948 est créé l'État d'Israël, où les juifs sont aujourd'hui plus de 4 millions. Près de 6 millions de juifs vivent aux États-Unis ; ils sont environ 4,5 millions en Europe. □

le mont Sinaï, où Moïse reçut les Dix Commandements

La menora

La menora est le chandelier d'or à sept branches qui brillait toujours dans le Temple de Salomon. Ce chandelier a été emporté par les Romains, après la destruction du Temple, en 70 apr. J.-C. Il est devenu le symbole du Temple disparu.

Les migrations des Hébreux

On suppose qu'Abraham, venant d'Our, a suivi les itinéraires des caravanes parcourant le désert. Lors de la sortie d'Égypte, Moïse et les Hébreux auraient contourné la Terre promise pour y entrer par l'est.

Trajet d'Abraham
Trajet de Moïse

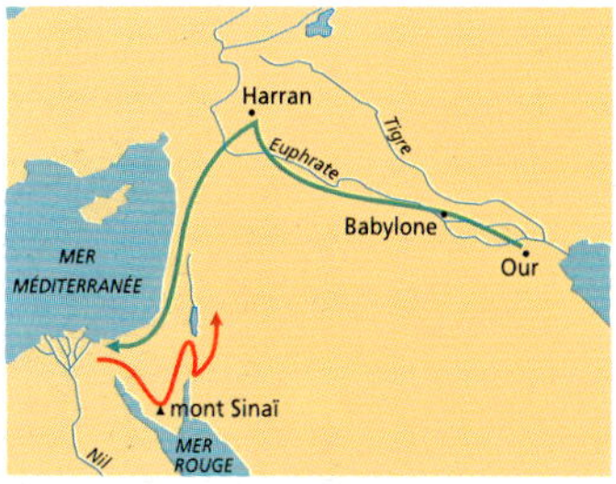

un rabbin sonnant du shofar

La Bible, le Talmud et leur message

Jarre contenant les manuscrits de la mer Morte

En 1948, on a découvert dans des grottes, près de la mer Morte, des jarres dans lesquelles étaient enfermés des manuscrits. Certains d'entre eux contiennent des passages de la Bible, écrits en hébreu ou en araméen (langue parlée au Proche-Orient pendant l'Antiquité), et datent du IIe s. av. J.-C. Ce sont les plus anciens manuscrits bibliques que l'on connaisse, les plus proches de la période où la Bible a été rédigée (on pense qu'elle a été écrite, en hébreu et en araméen, entre le XIIIe et le IIIe s. av. J.-C.). Jusqu'à cette découverte, les plus anciens textes parvenus jusqu'à nous étaient écrits en grec, d'après une traduction de l'hébreu. La Bible est traduite aujourd'hui en 1 435 langues et lue par des centaines de millions d'hommes.

La religion juive repose sur un livre, la Bible, et sur d'autres écrits qui la commentent, comme le Talmud. La Bible affirme l'existence d'un Dieu unique, qui a conclu une alliance avec le peuple d'Israël.

La Bible

La Bible (du grec *biblos,* « livre ») est la base de toute la pensée juive. Elle est composée de vingt-quatre livres écrits en hébreu et répartis en trois groupes : la Torah, les Nebiim et les Ketoubim (d'où l'appellation de TaNaKh). La Torah est un enseignement, une voie à suivre (c'est le sens de ce mot en hébreu). Elle comprend cinq livres (Pentateuque, en grec) : la Genèse, l'Exode, le Lévitique, les Nombres et le Deutéronome. On y trouve le récit des origines du monde, les événements fondateurs d'Israël (l'alliance de Dieu avec Abraham), puis l'aventure du peuple d'Israël guidé par Moïse. Mais la Torah est plus qu'une histoire et plus qu'une Loi, avec ses nombreux enseignements, qui ont pour centre les Dix Commandements et les préceptes de l'amour de Dieu et de l'amour du prochain. La Torah est la partie la plus fondamentale de la Bible. On la lit à la **synagogue**, en hébreu, chaque matin de shabbat (voir p. 38) et de fête, sur un rouleau de parchemin où elle a été copiée à la main. Dans les Nebiim, ou « Prophètes », on distingue les « premiers prophètes » et les « derniers prophètes ». Les « premiers prophètes » racontent l'histoire d'Israël depuis la conquête de Canaan jusqu'à la destruction du premier Temple de Jérusalem. Leur récit, directement inspiré par Dieu, affirme que la présence divine se manifeste tout au

les rouleaux de la Torah devant le Mur occidental (ou mur des Lamentations) à Jérusalem

la lecture de la Torah à la synagogue

long de l'histoire. Les « derniers prophètes », dont trois « grands » (Isaïe, Jérémie, Ezéchiel) et douze « petits » (parmi eux, Amos et Jonas), insistent sur le contenu moral du message divin. Leurs paroles, comme celles de toute la Bible, sont destinées d'abord à Israël, mais s'adressent à travers lui à tous les hommes. Les Ketoubim, ou « Écrits », sont très variés : psaumes, maximes, recueils historiques, réflexions sur les problèmes de la vie, de la mort, de la souffrance. La Bible entière est aussi appelée « Torah écrite ».

Le Talmud

Ce mot signifie « enseignement ». La Bible est un message vivant et les sages ont eu – et ont toujours – la charge d'interpréter ce qui est écrit. Dans le Talmud, ils ont formulé des lois précises qui permettent d'appliquer les commandements de la Bible dans chaque circonstance de la vie. Ces enseignements, d'abord oraux, furent ensuite mis par écrit : ils constituent une véritable encyclopédie de la Loi et de la pensée juives.

L'unité de Dieu

Dieu est Un. C'est l'affirmation fondamentale de la Bible et du judaïsme, proclamée dans le passage de la Torah appelé *Shema Israël.*
C'est aussi la **profession de foi** juive, récitée au lever et au coucher tous les jours de la vie. Dieu s'est révélé à Moïse sous le « Nom » formé des quatre lettres hébraïques YHWH, qui signifient « Celui qui est, a été et sera ». Dans la prière, ce nom est prononcé « Adonaï » ; on le traduit par « Seigneur » ou « Éternel ». Dieu est invoqué sous les noms de « Notre Père » ou « Notre Roi ». Il est le Créateur du monde, le Dieu miséricordieux et juste qui intervient dans l'histoire. Il a « fait sortir Israël de l'esclavage d'Égypte », ce qui atteste qu'Il est proche des plus démunis.

un manuscrit hébraïque enluminé

L'Alliance et l'Élection

Dieu a donné sa Torah pour que, en lui obéissant, Israël devienne « un peuple de prêtres et une nation sainte ». Israël est élu (choisi) pour témoigner de l'amour du Créateur pour tous les hommes. L'Alliance est une responsabilité et non un privilège.

Le Messie et le messianisme

Pour les juifs, croire en la venue du Messie, c'est espérer qu'un jour viendra où la paix, la justice et la fraternité régneront pour toutes les nations ; le peuple d'Israël sera alors réuni sur la terre de ses ancêtres et ses épreuves seront terminées.
Aussi faut-il vivre selon la Torah, et Dieu fera surgir un homme, le Messie, de la lignée de David, « animé de l'esprit de sagesse, d'amour et de crainte de Dieu... ». □

L'armoire sainte dans la synagogue

La synagogue (en hébreu, *bet ha-knesset*) est le lieu de réunion de la communauté juive pour la prière commune et l'étude. Elle est orientée vers la ville de Jérusalem, où s'élevait le Temple avant sa destruction.
Deux ou trois meubles constituent les objets du culte. Le principal est l'armoire sainte (voir ci-dessous) qui renferme les rouleaux de la Torah et devant laquelle brûle une lampe perpétuelle.
On trouve également une tribune légèrement surélevée sur laquelle est placée la Torah dont on lit les textes à haute voix. Devant cette tribune, une table plus basse est destinée au membre de la communauté qui célèbre l'office.

la fête de Pessah (Pâque)

Les pratiques et les fêtes

La lecture de la Torah

Lors de sa bar-mitsva, mot hébreu qui signifie que le jeune garçon devient « fils du commandement », l'enfant lit la Torah dans la synagogue, en présence de ses parents et de tous les membres de la communauté. Il est alors considéré comme un adulte. Ce moment consacre des années d'étude de la Torah qui supposent l'apprentissage de l'hébreu.

Le juif croyant doit, au cours de sa vie, se conformer aux commandements de la Torah. Du verset de la Torah « Tu aimeras ton prochain comme toi-même » découlent les règles de conduite envers le prochain.

La bénédiction, la prière, l'étude

Pour le juif croyant, tout ce que la vie lui apporte d'heureux est un don de Dieu, aussi bénit-il tous les actes qu'il accomplit. Trois offices quotidiens, le matin, l'après-midi et le soir, rythment sa journée. Le matin et le soir, il récite le *Shema Israël* (« Écoute Israël… »). Le matin, il revêt le châle de prière (le talith), symbole de la présence divine, et porte sur le front de petits étuis de cuir (les tefillin) contenant quatre passages de la Torah, pour symboliser son attachement à Dieu et à ses commandements. L'étude et l'enseignement des textes sacrés sont obligatoires.

La synagogue et la maison

Les juifs croyants pratiquent leur religion dans la synagogue et à la maison.

La synagogue est le lieu de prière et d'étude. Le guide religieux est le rabbin. Il enseigne, préside les cérémonies, conseille les fidèles. À l'entrée de la maison est apposée la mezouza, un petit étui où sont inscrits des versets de la Torah, dont le *Shema*. Le croyant observe un certain nombre de règles alimentaires appelées kashrout. Parmi ces règles, citons la distinction entre animaux purs et impurs. Seule est autorisée la consommation des ruminants ayant le sabot fendu, des animaux aquatiques ayant écailles et nageoires, des oiseaux de basse-cour ; en conséquence, le porc, le cheval, le lapin sont interdits, de même que l'anguille, les huîtres, les moules et autres fruits de mer. La Torah interdit également la consommation du sang, d'où l'interdiction de manger un animal tué à la chasse et la fixation de règles particulières pour l'abattage. Ces lois ont pour but de sanctifier la vie quotidienne.

Les étapes de la vie

La circoncision *(Berith mila)* des garçons à l'âge de huit jours est le signe de l'alliance de Dieu avec Israël. La majorité religieuse, bar-mitsva pour les garçons à treize ans, bat-mitsva pour les filles à douze ans, confirme des années d'étude de la Torah. Le mariage a lieu à la synagogue ou à la maison. Le couple est béni par le rabbin. Après la mort et les prières de deuil, les parents et les amis viennent prier pendant sept jours dans la maison du défunt. Ils récitent le kaddish, prière appelant la venue du règne de Dieu.

Le shabbat

C'est le septième jour de la semaine. Il commence le vendredi soir et dure jusqu'au samedi soir. C'est le jour de repos observé en souvenir de la création du monde achevée

célébration d'une bar-mitsva

jeune garçon portant, sur le front et autour des bras, les tefillin (ou phylactères)

par Dieu le septième jour, et en souvenir de la sortie d'Égypte lorsque Dieu a donné la liberté à son peuple. Tout travail est interdit (allumer un feu, écrire...), car ce jour doit être consacré à l'Éternel par la prière à la synagogue, par la lecture et l'étude de la Torah, mais aussi par la visite aux malades.

Les fêtes

Le calendrier juif débute à la date symbolique de la création du monde (ainsi, 1995 est l'année 5755). Le Nouvel An, Rosh ha-Shana, commémore cet événement en septembre-octobre. À la synagogue, on sonne le shofar, corne de bélier rappelant le sacrifice d'Abraham et sa foi en Dieu ; à la maison, on mange de la pomme et du miel en souhaitant que l'année soit douce. Après dix jours consacrés à la prière et à la repentance (on va demander pardon à son prochain pour les fautes commises envers lui) a lieu le Yom Kippour, jour du Grand Pardon. C'est la fête la plus solennelle de l'année. Elle est marquée par une journée de jeûne entièrement consacrée à la prière à la synagogue. Elle s'achève par la sonnerie du shofar. Cinq jours après, la fête des Tentes, Soukkot, dure une semaine. En souvenir de l'errance des juifs conduits par Moïse dans le désert, chaque famille construit, dans sa cour ou sur un balcon, une cabane de branchages, où elle prend symboliquement un repas.
Le huitième jour, c'est la fête de la Torah, Simhat Torah.
La fête des Lumières, Hanoukka (décembre), évoque la victoire de Judas Maccabée sur les Grecs en 167 av. J.-C. Pourim (en février-mars), fête très populaire, rappelle qu'Esther, devenue reine de Perse, sauva son peuple de l'extermination. En signe de gratitude, on échange des gourmandises et on fait des dons aux pauvres.
Au printemps, Pessah (la Pâque) célèbre l'événement qui a fondé le peuple d'Israël : la sortie d'Égypte. C'est une fête célébrée en famille par une cérémonie, le seder. Au cours d'un repas, on chante des psaumes et on lit des passages de la Bible. On mange des mets symboliques : pains azymes (c'est-à-dire sans levain), herbes amères, eau salée ; on boit quatre coupes de vin. Cinquante jours après, Shavouoth (Pentecôte) commémore le Don de la Torah à Moïse ; à la synagogue, on lit les Dix Commandements. □

Cérémonie de mariage

Pendant la célébration, le couple se tient sous la houpa, dais nuptial symbole du foyer qu'il va créer. Le rabbin fait la lecture de la ketouba, le contrat de mariage, en présence des parents et des témoins. Après les bénédictions nuptiales, le jeune époux brise un verre en souvenir de la destruction du Temple.

fidèle revêtu du châle de prière (talith)

Au début de notre ère naît Jésus, qui, selon ses disciples, est le Messie (ou Christ), le Fils de Dieu qui a donné sa vie pour sauver les hommes et est ressuscité d'entre les morts. Le christianisme est fondé sur cette foi.

Le christianisme

- **doctrine** : pour les chrétiens, ensemble des croyances, des idées, des règles, qui définissent une conception de l'homme face à Dieu, au monde et aux autres.
- **dogme** : point fondamental considéré comme une vérité incontestable d'une doctrine religieuse.
- **hérétique** : personne qui nie un dogme ou refuse certains aspects de la doctrine officielle.
- **liturgie** : ensemble des règles qui organisent la vie religieuse, comme le déroulement d'un office, le choix des prières, etc.
- **Messie** : envoyé de Dieu qui vient sur terre pour instaurer une ère de justice.
- **miracle** : phénomène inexplicable attribué à l'intervention de Dieu.
- **monachisme** : état, vie de moine. Les moines et les religieuses obéissent à la même règle de vie (règle monastique).
- **Nouveau Testament** : la Bible chrétienne contient l'Ancien Testament, qui correspond à la Bible hébraïque, et le Nouveau Testament, qui contient les quatre Évangiles, les Actes des Apôtres, les Lettres, ou Épîtres (notamment celles de saint Paul), et l'Apocalypse dite de saint Jean.
- **schisme** : rupture de l'unité au sein d'une communauté religieuse.

Le christianisme apparaît sur la terre d'Israël, alors occupée par les Romains. Un juif de Nazareth, Jésus, est reconnu par ses disciples comme le **Messie** annoncé par la Bible et le Fils de Dieu. Il dit avoir été envoyé sur Terre pour étendre à toute l'humanité l'alliance nouée entre Yahvé et le peuple juif. Dieu, qui, dans l'Ancien Testament, avait parlé par les prophètes, parle désormais par son fils Jésus, le Christ. La foi en Jésus est ce qui sépare les chrétiens des juifs, qui attendent toujours le Messie. La vie et l'enseignement de Jésus sont connus par des textes qui, pour les chrétiens, forment la seconde partie de la Bible, le **Nouveau Testament**.

La vie de Jésus

La vie du Christ est racontée dans quatre petits livres, les Évangiles (du grec « bonne nouvelle »), rédigés entre 65 et 100 apr. J.-C.

la crucifixion de Jésus-Christ sur le mont Golgotha, à Jérusalem

la Cène, dernier repas de Jésus-Christ avec les apôtres

la naissance de Jésus-Christ

par Matthieu, Marc, Luc et Jean. Selon le récit de Luc, l'ange de Dieu annonce à Marie, fiancée à Joseph, que, par l'intervention de l'Esprit saint, elle aura un enfant qui sera le fils de Dieu. Jésus naît à Bethléem en Judée, il grandit à Nazareth en Galilée. À l'âge de 33 ans environ, il est baptisé par Jean le Baptiste. Il choisit ensuite douze apôtres : Pierre, André, Jacques le Majeur, Jean, Philippe, Barthélemy, Matthieu, Thomas, Jacques le Mineur, Simon, Jude dit Thaddée, Judas. Pendant trois ans, les apôtres parcourent le pays avec Jésus pour proclamer la bonne nouvelle. Jésus se fait proche des exclus et des pauvres ; son message, parfois accompagné de **miracles**, est accueilli avec enthousiasme par les foules. Mais il heurte les guides religieux et les chefs politiques : arrêté au moment de la Pâque de l'an 30, Jésus est mené devant le sanhédrin (tribunal juif) puis livré au gouverneur romain, Ponce Pilate. Il est condamné à mourir sur la croix, comme les esclaves, et est mis dans un tombeau. Trois jours plus tard, son tombeau est trouvé vide. Les apôtres affirment qu'ils ont vu Jésus ressuscité, c'est-à-dire revenu à la vie, et qu'il est resté quarante jours parmi eux, avant de « monter aux cieux ». Avant de les quitter, Jésus promet la venue de l'Esprit de Dieu et envoie ses apôtres annoncer l'Évangile à toutes les nations.

Le message de Jésus-Christ

Le message du Christ, c'est que Dieu est amour, qu'il est un Père pour tous les hommes, qu'il les aime tant qu'il leur donne son fils. Celui-ci se « sacrifie », accepte de mourir pour que tous les hommes soient sauvés, c'est-à-dire qu'ils puissent avoir la vie éternelle après leur mort. Il appelle chaque homme à « aimer son prochain comme soi-même », comme lui, Jésus, a aimé les hommes. Dieu demande aux hommes de se convertir et pardonne leurs péchés, fautes que les hommes commettent lorsqu'ils n'obéissent pas aux commandements divins. □

la résurrection de Jésus-Christ

Le chrisme

Symbole du christianisme, le chrisme est formé des premières lettres du mot Christ en grec : le X (khi) correspond au « ch » et le P (rhô), au « r ».

Le Bon Pasteur

Jésus se compare parfois à un berger (pasteur) qui veille sur son troupeau, mais aussi sur la brebis égarée. Les premiers chrétiens représentent souvent Jésus sous l'aspect d'un pasteur. Par ailleurs, l'agneau, associé à la pureté et à l'innocence, est un autre symbole du Christ.

mosaïque du IXe s. représentant des anges

L'Église du premier millénaire

Les premiers chrétiens et les catacombes

Contrairement à ce que l'on a longtemps cru, les catacombes, cimetières souterrains, n'ont jamais servi de lieu de célébration de cérémonies secrètes.
Les premiers chrétiens s'y réunissaient autour des tombeaux des martyrs (du mot grec *martur*, qui signifie « témoin »). On appelait ainsi ceux qui étaient morts parce qu'ils avaient refusé de renoncer à leur religion : en effet, honorant un Dieu unique, ils ne rendaient pas de culte à l'empereur romain et étaient suppliciés et mis à mort pour cette raison. Certains empereurs les faisaient crucifier ou livrer aux bêtes dans le cirque. En acceptant de telles souffrances, ces chrétiens témoignaient de leur foi.

Le pape et l'empereur président un concile (VIIIe s.).

L'Église (mot qui vient du grec *ecclesia,* « assemblée ») des premiers chrétiens s'organise à Jérusalem, autour des apôtres. Après la Pentecôte (l'envoi de l'Esprit annoncé par Jésus), ceux-ci partent proclamer la nouvelle de la résurrection du Christ. Ils fondent des Églises dans tout le bassin méditerranéen (alors sous domination romaine) – en Asie Mineure, en Grèce, et jusqu'à Rome –, et sans doute en Arabie et en Syrie.

La diffusion du christianisme

L'apôtre Paul (né vers 15 apr. J.-C. - mort vers 67) affirme qu'il n'est pas nécessaire d'être juif pour devenir chrétien. Vers 48, les adeptes de la nouvelle religion cessent de pratiquer les rites du judaïsme. Ils sont alors exclus de la communauté juive. C'est à Antioche, en Syrie, que, pour la première fois, on les appellera « chrétiens ». La religion naissante s'adresse à tous, conformément aux paroles de Jésus : « De tous les peuples, faites des disciples. »
Après Jérusalem, Constantinople, Rome, Antioche et Alexandrie, des communautés chrétiennes se développent sur les routes commerciales du bassin méditerranéen.
Le christianisme devient la religion officielle de l'Empire romain en 393 apr. J.-C., sous l'empereur Théodose.

Les premiers conciles de l'Église

Les évêques, chefs des communautés chrétiennes, se réunissent en conciles. Ce sont des assemblées où chacun rapporte ce qu'il fait dans sa province, et lorsque presque

le baptême du Christ

tous s'accordent sur une décision, celle-ci s'impose de façon « universelle » (ou « œcuménique », d'un mot grec désignant la « terre habitée » d'alors).
Sept grands conciles (Jérusalem, Nicée I et II, Constantinople I et II, Éphèse, Chalcédoine) déterminent pour toujours la foi de l'Église dans un texte appelé le Credo (en latin « je crois ») : c'est ce à quoi il faut adhérer pour se dire chrétien. Ils définissent également des vérités fondamentales appelées « **dogmes** ». Ceux qui refusent les dogmes ou tentent de les modifier sont appelés « **hérétiques** », c'est-à-dire « ceux qui font un choix erroné ». Ils sont exclus de la communauté et sévèrement pourchassés.
Dès cette époque, les chrétiens vénèrent des saints, personnages qui ont mené une vie exemplaire, conforme à la volonté de Dieu. Une autorité particulière est reconnue à l'évêque de Rome, parce que son Église a été fondée par les apôtres Pierre et Paul, et qu'il est considéré comme le successeur de Pierre.

Les premiers moines

Dès le IVe s., des moines partent dans les déserts d'Égypte et de Syrie pour vivre dans la pauvreté, la prière et le travail : le grand mouvement du **monachisme** chrétien naît, en Orient avec saint Basile (329-379), en Occident avec saint Benoît (v. 480-547).

Les fêtes

Chaque année, des fêtes commémorent les grands événements de la vie de Jésus-Christ. Certaines fêtes viennent du judaïsme, mais elles prennent un sens nouveau.
La fête de Noël évoque la naissance de Jésus-Christ. L'Épiphanie rappelle l'adoration des mages, personnages importants venus d'Orient pour rendre hommage à Jésus, peu de temps après sa naissance.
Précédée par le carême (40 jours de privations), Pâques est la fête la plus importante puisqu'elle célèbre la résurrection du Christ.
L'Ascension, quarante jours après Pâques, célèbre la montée du Christ au ciel, c'est-à-dire son retour vers Dieu le Père.
Enfin, dix jours après l'Ascension, la Pentecôte commémore le jour où l'Esprit saint est descendu sous forme de langues de feu sur les apôtres réunis, les rendant capables de se faire comprendre dans toutes les langues pour répandre la foi chrétienne.

Les sacrements

Les sacrements sont des signes, des gestes visibles qui font entrer le chrétien dans la vie divine.
Les principaux sacrements sont :
- le baptême, qui introduit le nouveau croyant dans l'Église : il devient un « fidèle du Christ » ;
- la confirmation, au cours de laquelle l'Esprit saint pénètre l'âme du chrétien, comme à la Pentecôte ;
- l'eucharistie, ou communion, qui est le moment le plus important de la vie des chrétiens : ils reçoivent le corps et le sang du Christ, sous la forme du pain et du vin ;
- le sacrement de la réconciliation (ou confession), qui apporte le pardon de l'Église à celui qui regrette ses fautes ;
- le mariage ;
- l'ordination, qui donne aux prêtres le pouvoir de célébrer les sacrements ;
- l'onction des malades, qui prépare le chrétien à la mort. □

Le symbole du poisson

Les premiers chrétiens ont choisi l'image du poisson pour symboliser Jésus-Christ. « Jésus-Christ, fils de Dieu, sauveur » s'écrit en grec *Iesous Christos Theou Uios Soter*, et les premières lettres de ces mots forment *ichtus*, qui signifie « poisson » en grec.

La communion

La communion est le sacrement par lequel le chrétien renouvelle le sacrifice du Christ. On communie debout ou à genoux.

le pillage de Constantinople par les croisés, en 1204

L'Église grandit et se divise

L'Inquisition

L'Inquisition est un tribunal d'Église créé en 1229 pour rechercher et juger les hérétiques (ceux qui ne respectent pas la doctrine officielle). Elle a été mise en place par les moines de l'ordre de Saint-Dominique, que l'on voit ici brûler des livres non conformes à la foi catholique.

À partir du Ve s., des barbares se partagent la partie occidentale de l'Empire romain, qui s'effondre en 476. Ils fondent un grand nombre de royaumes rivaux. Le christianisme est le seul lien qui va les unir, sous l'autorité de l'Église de Rome. La langue utilisée en Occident est le latin.

Au contraire, la partie orientale de l'ancien Empire romain conserve son unité jusqu'en 1453. On lui donne le nom d'Empire byzantin, car sa capitale, Constantinople, s'appelait autrefois Byzance. On y parle grec. Une culture chrétienne brillante se développe alors autour de la Méditerranée, rivalisant avec l'islam à partir de 650.

En Orient, l'Église orthodoxe

Cette longue évolution politique et religieuse conduit au **schisme** (séparation) qui va diviser l'Église. En 1054, une querelle oppose le pape de Rome Léon IX et le patriarche de Constantinople Michel Cérulaire. La rupture est rendue définitive après le pillage de Constantinople au cours de la quatrième croisade, en 1204.

D'un côté, l'Église « orthodoxe » (« celle qui garde la vraie **doctrine** » des sept conciles), qui refuse la modification du texte du Credo faite par l'Église d'Occident et ne reconnaît pas l'autorité universelle du pape.

De l'autre, l'Église « catholique romaine » (« celle qui maintient l'Univers dans l'unité »), où le pape joue un rôle de plus en plus fondamental.

Il faudra attendre 1964 pour que le pape Paul VI et le patriarche Athénagoras rétablissent le dialogue entre les deux Églises catholique et orthodoxe.

En Occident, l'Église catholique

Aux XIIe et XIIIe s., une civilisation religieuse s'épanouit en Europe occidentale. L'Église de Rome y exerce son autorité grâce à ses clercs. On appelle ainsi l'ensemble des prêtres et des moines qui forment le clergé. Très hiérarchisé, celui-ci encadre les fidèles des paroisses, gère les hôpitaux et les universités. La première université est celle de Bologne, en Italie, fondée vers 1110, puis viennent Paris, Cologne, Oxford, etc. Des étudiants affluent de toute l'Europe pour étudier auprès de maîtres prestigieux qui sont tous des clercs. La chrétienté se couvre d'abbayes romanes, puis de cathédrales gothiques. Saint Bernard, au XIIe s., fonde l'ordre des Cisterciens. Du XIe s. au XIIIe s. se déroulent les croisades, expéditions militaires qui ont pour but de reconquérir Jérusalem (où se trouve le tombeau du Christ), alors aux mains des musulmans.

Au XIIIe s. apparaissent les ordres des moines mendiants : l'ordre des Dominicains, fondé par saint Dominique, et celui des

le concile de Trente

Cette crosse d'évêque richement décorée témoigne de la puissance de l'Église au XIIIe s.

Franciscains, fondé par saint François d'Assise. À côté de cet essor spirituel, des actions ternissent l'image de l'Église : les juifs sont persécutés ; les croisades entraînent des pillages et des massacres ; les tribunaux de l'Inquisition utilisent la torture pour obtenir des aveux et prononcent des condamnations très sévères contre les **hérétiques**.

Martin Luther (au premier plan) et des partisans de la Réforme

Naissance du protestantisme

À la fin du XVe s., des savants, les humanistes, s'interrogent sur la nature et l'enseignement des textes bibliques, et sur le rôle de l'Église. Ils sont nombreux à demander que l'Église se réforme. En Allemagne, Martin Luther (1483-1546) dénonce certains abus et pose des questions essentielles pour la foi. L'Église l'exclut en l'excommuniant. Il entreprend alors la Réforme, dont les partisans sont appelés « protestants ». Ces derniers appartiennent à des tendances diverses. Après l'Allemagne et les pays scandinaves, la Suisse et la France, le mouvement gagne les Pays-Bas et l'Écosse. En Angleterre, le roi Henri VIII se proclame chef de l'Église d'Angleterre (ou Église anglicane). L'Europe est déchirée par des guerres de religion qui opposent catholiques et protestants. L'Église catholique procède alors à la Contre-Réforme ; de nouveaux ordres, comme celui des Jésuites, sont créés pour défendre le catholicisme ; le pape convoque à Trente (Italie) un concile qui réforme l'Église, réaffirme le dogme et répond aux questions des Réformateurs.

L'œcuménisme

Il faut attendre le XXe s. pour que les Églises chrétiennes séparées entreprennent un dialogue de rapprochement, qu'on appelle « mouvement œcuménique ». Ce mouvement, créé par les protestants, s'est développé après le concile Vatican II (catholique) qui a eu lieu de 1962 à 1965. Des spécialistes mais aussi de nombreux fidèles se rencontrent pour chercher les chemins de l'unité perdue. □

Jean Calvin (1509-1564)

Calvin naît à Noyon où son père travaille pour l'évêque.

Il étudie le latin, le grec et l'hébreu. En 1533, il se convertit aux idées de Luther et doit quitter la France. Il fuit l'Inquisition et prêche la Réforme. Réfugié en Suisse, il réforme la ville de Genève, dont il fait une cité modèle, où règne une morale religieuse stricte et où les jeux de cartes, les romans et les bals sont interdits. Calvin, qui a publié en 1535 son *Institution de la religion chrétienne*, pense, comme Luther, que seule la Bible a autorité en matière de religion. Mais il croit en la prédestination : à cause du péché, écrit-il, la nature humaine est mauvaise ; Dieu seul décide de sauver certains hommes, de leur assurer la vie éternelle ; toutes les bonnes actions que l'on accomplit n'ont aucun effet pour cela. La pensée de Calvin est à l'origine du courant calviniste.

cérémonie religieuse orthodoxe

Les orthodoxes

Icône de la Trinité

Les icônes sont peintes selon des règles précises, sur un fond (souvent doré) qui n'a ni lumière ni ombre. Celle-ci représente les trois personnes de la Trinité (le Père, le Fils et le Saint-Esprit), qui ne forment, pour les chrétiens, qu'un seul Dieu. Les icônes peuvent aussi représenter des saints.

Vierge à l'Enfant

Pour les orthodoxes, comme pour les catholiques, la Vierge Marie est la « Mère de Dieu » et des hommes, car le Christ en croix a dit à Jean : « Fils, voici ta mère. »

Les chrétiens orthodoxes (ceux qui gardent la « droite doctrine ») sont environ 170 millions. Ils insistent sur la continuité avec l'Église des débuts du christianisme, celle des martyrs et des sept grands conciles (assemblées de tous les évêques) qui ont formulé la foi.
Le texte du Credo, qui fonde la foi des chrétiens (voir p. 43), n'est pas tout à fait le même pour les orthodoxes et pour les catholiques. Les orthodoxes ne reconnaissent pas l'autorité universelle du pape, chef suprême de l'Église catholique. La foi orthodoxe souligne l'action du Saint-Esprit (la troisième personne de la Trinité), dont la force pénètre non seulement l'âme du croyant, mais aussi la matière même de son corps et, par là, la matière du monde.

Rites et fêtes

L'Église orthodoxe célèbre plus particulièrement certaines fêtes, comme l'Épiphanie, Pâques (voir p. 43) et la Transfiguration (épisode de la vie du Christ où la voix de Dieu se fait entendre).
Les Églises orientales ont conservé le calendrier julien, basé sur les phases de la lune, alors que l'Église de Rome a adopté le calendrier grégorien défini lors de la réforme du pape Grégoire XIII en 1582 ; c'est pourquoi les dates des fêtes orthodoxes et catholiques sont différentes.
Les sacrements du baptême (où le fidèle est immergé dans l'eau), de la confirmation et de la communion sont reçus ensemble. Ils permettent de participer, au cours d'une cérémonie solennelle, au « Mystère des Mystères », l'eucharistie (communion au Corps et au Sang du Christ). Ce sacrement (les orthodoxes emploient plutôt le mot « mystère ») se donne sous la double forme du pain et du vin.

La liturgie et les icônes

Le principal moment de l'année liturgique orthodoxe est Pâques ; c'est la « fête des fêtes », suivie de quarante jours pendant lesquels on remplace les salutations habituelles par ce cri de joie : « Christ est ressuscité ! », auquel il faut répondre par « en vérité, il est ressuscité ». Les cérémonies religieuses orthodoxes durent longtemps, elles ont pour but d'éveiller le cœur du fidèle à la beauté de Dieu, par des chants, des prosternations, la lueur des cierges, le parfum de l'encens, la splendeur des icônes et la richesse du décor. Les icônes (du mot grec *eikôn*, « image ») occupent une grande place dans la **liturgie**.

un prêtre orthodoxe

fête en l'honneur de Serge de Radonège, saint russe

femmes priant devant l'iconostase

Les croyants les vénèrent et allument des cierges devant elles. Les icônes sont aussi un enseignement en images, sur les murs de l'église, sur l'iconostase (cloison qui, dans les églises orthodoxes, sépare les fidèles du lieu où se trouve l'autel) et dans les maisons, où elles appellent à la prière. Comme les moines, les gens du peuple récitent une prière simple, où l'on murmure le nom de Jésus, appelée « prière du cœur ».

Les différentes Églises orthodoxes

La communauté orthodoxe est constituée de plusieurs Églises liées entre elles, mais qui ont chacune leur chef, le patriarche. Les Églises les plus anciennes sont issues des patriarcats orientaux de l'Empire romain : Antioche, Alexandrie, Jérusalem et Constantinople. Les Églises orthodoxes s'administrent elles-mêmes, elles sont « autocéphales ». Elles correspondent en général à un pays : Églises de Russie (la plus importante en nombre), de Roumanie, de Serbie, de Grèce, de Bulgarie, de Chypre, des États-Unis. De ces Églises dépendent directement les orthodoxes dispersés dans le monde, ainsi que d'autres communautés : Églises de Finlande, de Crète, d'Afrique, etc.

L'organisation des Églises orthodoxes

La vie monastique occupe une grande place dans le monde orthodoxe ; le mont Athos, au nord de la Grèce, est le plus vaste monastère de la chrétienté. C'est parmi les moines que, depuis le VIe s., sont choisis les évêques, qui restent célibataires. Les prêtres orthodoxes, en revanche, peuvent être mariés. □

Les chrétiens d'Orient

Quelques Églises chrétiennes ont adopté des rites et parfois des croyances différents de ceux de la majorité des chrétiens. Certaines d'entre elles se sont finalement ralliées à l'Église catholique, d'autres à l'Église orthodoxe, d'autres enfin sont restées indépendantes.

Parmi celles-ci, l'Église d'Éthiopie, qui compte 14 millions de fidèles, est la plus importante (ci-dessus, un prêtre éthiopien). Cette Église, restée plusieurs siècles sans contact avec les autres communautés chrétiennes, a cependant gardé sa foi. Mais ses pratiques ont évolué de façon originale. En raison de la présence d'une importante minorité juive, ses rites sont très marqués par le judaïsme.

lecture de la Bible pendant le culte

Les protestants

Barbara Harris

En 1980, elle a été consacrée évêque de l'Église anglicane des États-Unis. À partir de 1960, la plupart des Églises réformées admettent des femmes comme pasteurs. Les anglicans britanniques les acceptent depuis 1992.

L'Église anglicane

La reine d'Angleterre (ci-dessus) est le chef de l'Église anglicane, fondée par le roi d'Angleterre Henri VIII (1491-1547). La reine nomme les évêques avec l'accord de l'archevêque de Canterbury.

Né au XVIe s. en Europe de la Réforme entreprise par Martin Luther (voir p. 45), le protestantisme, qui compte près de 400 millions de fidèles, est très divers. Luther n'a pas été le seul réformateur, aussi le protestantisme comporte de multiples Églises et de très nombreux mouvements, qui sont cependant unis par les mêmes mots d'ordre : Dieu seul, l'Écriture seule, la Grâce seule.

Dieu seul : les protestants considèrent que seule la foi en Jésus-Christ peut donner à l'homme le salut, c'est-à-dire la vie éternelle.

L'Écriture seule : pour les protestants, Dieu se fait connaître à chaque croyant par la Bible, sans l'intermédiaire de prêtres ou d'une Église.

La Grâce seule : on appelle « Grâce » la volonté bienveillante de Dieu. C'est par sa seule volonté que Dieu donne à l'homme la foi qui le sauve et lui procure la vie éternelle. Cela signifie que l'homme n'est pas sauvé par les bonnes actions qu'il accomplit, mais d'abord par l'intervention de la Grâce divine. À la différence des catholiques et des orthodoxes, les Églises protestantes n'ont ni **dogmes** ni système hiérarchique.

Le temple et le culte

Les croyants se rendent au temple, chaque dimanche, pour la cérémonie du culte. Ils y célèbrent aussi les grands événements de la vie.

deux femmes pasteurs

intérieur d'un temple protestant

Le temple est un lieu de prière et de réunion, et non un lieu sacré où Dieu serait plus présent qu'ailleurs. Sans statue ni image, le temple a pour seule décoration une croix nue (ou, chez les luthériens, un crucifix avec le Christ souffrant) et une chaire, d'où la Bible est lue et commentée au cours d'un sermon qui est le moment le plus important du culte. Les rites sont sobres et dépouillés. Mais le chant religieux, en particulier les cantates de Bach, permet aux fidèles de participer activement au culte.
Les protestants considèrent que seul Dieu peut être objet de prière ou de vénération. Ils ne pratiquent donc ni le culte des saints ni celui de la Vierge Marie.
Trois grandes fêtes sont surtout célébrées : Noël, Pâques et la Pentecôte (voir p. 43).

Les sacrements et la piété

Les protestants ne reconnaissent que les deux sacrements mentionnés dans les Évangiles : le baptême, signe de l'Alliance avec Dieu (il n'est pas obligatoire dès la naissance) ; la Cène (ou eucharistie), commémoration du dernier repas du Christ, au cours de laquelle les fidèles communient.
Le protestantisme encourage une piété collective et familiale centrée autour de la Bible. Outre l'enseignement religieux qu'ils reçoivent au sein de leur famille, les enfants assistent, à partir de six ans, à l'école biblique, autrefois appelée « école du dimanche », où ils étudient l'Ancien et le **Nouveau Testament**.

Le rôle du pasteur

Chez les protestants, aucun intermédiaire n'est nécessaire entre Dieu et l'homme. La fonction de celui qui est appelé « pasteur » n'a donc pas un caractère sacré, comme celle du prêtre catholique. Le pasteur est un croyant, qui, comme tous les fidèles formés pour cela, enseigne le message biblique et donne les sacrements, signes de la Grâce. Mais les études religieuses qu'il a faites lui permettent de mieux conduire les fidèles (à l'origine, le pasteur est le « guide du troupeau »).
Un pasteur peut se marier et une femme peut devenir pasteur.

L'organisation des Églises protestantes

Certaines Églises protestantes sont organisées en paroisses, dirigées par le pasteur et un ensemble de fidèles élus. Chaque paroisse délègue des représentants au « synode » régional, assemblée composée d'autant de fidèles que de pasteurs, et chaque synode régional, annuel, envoie des délégués au synode national, où se prennent les décisions importantes de chaque Église nationale.

Les principales composantes du protestantisme

Le protestantisme se compose :
– des Églises, qui ont leurs particularités et leur mode d'organisation propre. Les courants les plus importants sont le luthéranisme (70 millions de fidèles), le calvinisme (Églises réformées, ou presbytériennes, 55 millions de fidèles) et l'anglicanisme (plus de 60 millions de fidèles en Angleterre et dans le monde). D'autres courants se sont développés, surtout aux États-Unis : les mennonites, les baptistes, les méthodistes, les quakers, les adventistes, les pentecôtistes ;
– de mouvements d'aide aux plus démunis, telle l'Armée du salut.
Le Conseil œcuménique des Églises a été fondé par le protestantisme, en 1948 ; c'est une structure qui regroupe, à Genève, la grande majorité des Églises protestantes et orthodoxes (soit environ 300 Églises et 500 millions de chrétiens). □

Martin Luther King

Fils d'un pasteur noir américain, il naît en 1929 à Atlanta, dans un État du sud des États-Unis où règne le racisme. Très bon élève, il rêve de devenir avocat pour défendre les Noirs, entre à quinze ans à l'université, puis, à dix-sept ans, décide de devenir pasteur.

Il fonde l'« Association nationale pour le progrès des gens de couleur », où Noirs et Blancs, réunis par le même idéal chrétien, luttent de manière pacifique pour l'égalité. Il demande aux habitants de la ville de Montgomery, en Alabama, de ne pas utiliser les autobus de la ville, dans lesquels des places différentes étaient attribuées aux Blancs et aux Noirs. Il est plusieurs fois emprisonné, mais est soutenu par le président Kennedy. Il meurt assassiné en 1968.

messe célébrée par plusieurs prêtres

Les catholiques

La Vierge de Czestochowa

La Vierge noire de Czestochowa (Pologne) est le but de pèlerinages qui rassemblent des millions de fidèles.

La confession

Selon l'Évangile, les apôtres ont reçu le pouvoir de pardonner les péchés (fautes) au nom de Dieu. Ci-dessous, un enfant avoue ses fautes à un prêtre qui va lui donner l'absolution, lui pardonner. Les catholiques préfèrent aujourd'hui l'expression de « réconciliation » à celle de « confession ».

Dans son usage courant, le mot « catholique » désigne, depuis le XVIe s., la partie de l'Église qui reconnaît l'autorité universelle du pape, dont le siège est à Rome. Avec près de 1 milliard de fidèles, répartis dans plus de 40 nations, le catholicisme forme la branche la plus importante du christianisme. Le catholicisme est massivement majoritaire en Amérique latine (90 % de la population), majoritaire en Europe occidentale (environ 60 %), minoritaire en Amérique du Nord (25 %) et en Afrique noire (12 %), très faible en Asie (4 %), en Afrique du Nord et au Proche- et Moyen-Orient (2 %).

La messe, célébration de l'eucharistie

Pour les catholiques comme pour les autres chrétiens, c'est le Christ ressuscité qui relie Dieu et les hommes. Le dimanche, à la messe, les catholiques célèbrent ensemble cette foi. La messe comprend deux temps forts : la lecture de la Bible (Ancien et **Nouveau Testament**) et le sacrement de l'eucharistie, que les catholiques considèrent comme leur bien essentiel. C'est le rappel du dernier repas de Jésus, pendant lequel il établit la Nouvelle Alliance entre Dieu et les hommes. C'est aussi, pour les catholiques comme pour les orthodoxes, le mystère de la « présence réelle » du Christ dans le pain et le vin. Le pain est donné par le prêtre aux fidèles sous la forme d'une hostie (morceau de pain sans levain de forme ronde), avec ces mots : « Voici le corps du Christ. » Ainsi les fidèles s'associent au sacrifice du Christ, qui a donné sa vie pour tous les hommes.

Le lieu du culte : l'église

L'église est le lieu où les catholiques se réunissent pour prier et célébrer leur culte. C'est aussi, pour eux, un lieu sacré où le Christ est présent au cours du sacrement de l'eucharistie. Les églises, à l'origine, ont un plan en forme de croix.
Le prêtre célèbre la messe sur l'autel, qui est une table de pierre ou de bois, où sont posés la Bible, la croix et des cierges. À côté de l'autel, un cierge est allumé le jour de Pâques et pour chaque grande fête jusqu'à la Pentecôte. Le tabernacle est une petite armoire dans laquelle sont parfois enfermées les hosties. Dans ce cas, une petite lumière rouge indique la présence divine.
Les églises sont ornées de tableaux, de vitraux et de sculptures racontant l'histoire du Christ, de la Vierge Marie et des saints.

fidèles à la sortie d'une église le dimanche

ordination de prêtres

Rites et enseignement

L'Église catholique reconnaît les mêmes sacrements que l'Église orthodoxe ; elle ne permet toutefois pas le divorce, alors que les orthodoxes peuvent divorcer une fois dans leur vie. Les grandes fêtes sont aussi les mêmes (voir p. 43). Comme chez les orthodoxes, la fête la plus importante est Pâques, fête de la résurrection du Christ, mais un accent particulier est mis sur Noël, le 25 décembre. Un culte important est rendu à la Vierge Marie, le 15 août : les catholiques fêtent l'Assomption (montée au ciel de la Vierge). Ils célèbrent également la Toussaint, fête de tous les saints, le 1er novembre (le «jour des morts», où l'on prie pour les défunts qui attendent la résurrection, est le 2 novembre).
Dès sa naissance, l'enfant est baptisé : il entre dans la communauté chrétienne. Le prêtre lui verse de l'eau sur la tête en signe de purification et le marque de l'huile sainte. L'enfant reçoit une éducation religieuse appelée « catéchisme » : il apprend à prier Dieu et à se comporter en chrétien. Il fait sa « première communion », puis sa « profession de foi » (renouvellement des vœux du baptême) et reçoit le sacrement de confirmation (don de l'Esprit saint).

La structure hiérarchique de l'Église

Dans l'Église catholique, la charge d'interpréter et d'enseigner la Parole de Dieu (révélée dans la Bible) est confiée à tous les évêques, sous l'autorité du pape. Le concile Vatican II (1965) a rappelé que le pape est le « vicaire du Christ » et le « pasteur de toute l'Église » : il a un pouvoir suprême et universel auquel sont associés les évêques. Le pape peut réunir des conciles, assemblées de tous les évêques du monde, qui ont le pouvoir de donner et de modifier les règles de fonctionnement de l'Église. Il peut aussi, plus fréquemment, réunir des synodes, assemblées plus réduites, qui ne peuvent qu'émettre des avis.
L'évêque est « celui qui veille », à la tête d'un diocèse, c'est-à-dire d'une communauté régionale ; il ordonne les prêtres (sacrement de l'ordre, ou ordination).
Responsables d'une paroisse, les prêtres prêchent, enseignent et administrent les sacrements. Ils sont célibataires, sauf dans quelques Églises d'Orient. Ils sont aidés par les diacres qui, eux, peuvent être mariés. Le concile Vatican II a donné davantage d'importance aux laïques (du grec « peuple »), qui sont encouragés à participer à certaines tâches religieuses ; cela s'est surtout réalisé dans les Églises d'Amérique latine. Les ordres religieux et les congrégations religieuses ont un rôle important de prière, d'enseignement et d'aide aux plus démunis. Les prêtres, les religieux et les laïques constituent l'Église. □

prêtre baptisant un enfant

Le pape Jean-Paul II

Depuis 1978, le pape est Karol Wojtyla, né en 1920 en Pologne. Évêque de Rome, le pape est considéré comme le successeur de Pierre, premier apôtre de Jésus. Il est élu par les cardinaux, les plus hauts responsables du clergé, au cours d'un vote secret.

Jérusalem

Pour les juifs, les chrétiens et les musulmans, Jérusalem est une ville sainte. On peut voir ici au premier plan le Mur occidental (aussi appelé mur des Lamentations), où les juifs se rendent pour prier. Le Mur est le seul vestige du Temple construit par le roi des juifs Hérode. Son emplacement est celui du rocher sur lequel, d'après la Bible, a eu lieu le « sacrifice » d'Abraham (ci-dessus). Selon la tradition musulmane, le prophète Mahomet a été conduit dans ces lieux par l'ange Gabriel. Une mosquée y a été construite, la mosquée du Rocher, dont on aperçoit le dôme doré. Jérusalem est aussi une ville sainte pour les chrétiens, car c'est là que Jésus a été crucifié, mis au tombeau et est ressuscité.

L'islam, religion des musulmans, est fondé sur la croyance en un Dieu unique, Allah, qui s'est manifesté au prophète Mahomet. Les paroles révélées à Mahomet ont été transcrites dans un livre, le Coran.

L'islam

la révélation de Dieu à Mahomet sur le mont Hira (représentation imaginée par un artiste)

Au VIe s. apr. J.-C., les habitants de la péninsule d'Arabie (l'Arabie saoudite actuelle) sont des éleveurs nomades. La plupart d'entre eux sont polythéistes, c'est-à-dire qu'ils croient en plusieurs dieux, mais, parmi eux, certains reconnaissent déjà une divinité suprême. Dans la même région vivent de petites communautés chrétiennes et juives, qui ont foi dans le Dieu unique de la Bible. Dès cette époque, quelques tribus arabes se rendent plusieurs fois par an à La Mecque, grande cité marchande et centre religieux très réputé. Un **culte** y est rendu à la Pierre noire, encastrée dans l'angle d'un édifice en forme de cube : le **sanctuaire** de la Kaaba.

Mahomet le Prophète

Mahomet (Muhammad) naît vers 570 à La Mecque, en Arabie. À vingt-cinq ans, il épouse Khadidja, une riche commerçante. De leur mariage naîtront des fils, tous morts en bas âge, et quatre filles, dont Fatima.
Travaillant pour Khadidja, Mahomet est considéré comme un homme sincère et intègre par la communauté.
Comme certains chrétiens, il fait des retraites dans la solitude du désert. Un jour, à l'âge de quarante ans, il entend une voix et a la vision de l'ange Gabriel (*Djibril* en arabe) qui lui transmet des paroles de Dieu. Les messages qui lui sont dictés jour après jour formeront le Coran. Mahomet est désormais le **Prophète** du Dieu unique, Allah.
Son entourage commence à se convertir, mais se heurte à l'opposition des habitants de La Mecque. En 619, son oncle et sa femme meurent. Il prend alors deux épouses, dont la jeune Aïcha, âgée de 9 ans, fille d'Abou Bakr, l'un de ses premiers compagnons.

L'hégire

À cause de l'hostilité de ses concitoyens, Mahomet quitte La Mecque pour s'installer à Médine, le 24 septembre 622.
Cette « émigration » (*hégire,* en arabe) marque le véritable commencement de la nouvelle religion et le point de départ du calendrier musulman. À Médine, Mahomet organise sa première communauté de croyants, les musulmans (en arabe *moslem,* « fidèle », « croyant »). Il convertit la population tout en continuant à recevoir le message divin. Il décide que les croyants se tourneront vers le sanctuaire de la Kaaba, à La Mecque, pour prier. Car, selon ce que lui révèle la voix divine, le sanctuaire a été édifié par Abraham et son fils Ismaël, sur l'ordre d'Allah. Plusieurs batailles ont lieu entre les musulmans et les adversaires du Prophète, notamment les habitants de La Mecque, qui se soumettent en 630. Mahomet meurt en 632, après avoir fait un **pèlerinage** à La Mecque.

- **chiite** : musulman qui appartient au chiisme, courant minoritaire de l'islam.
- **culte** : hommage que l'on rend à un dieu ou à une divinité ; cérémonie religieuse par laquelle on rend cet hommage.
- **djihad** : guerre sainte que tout musulman doit accomplir pour défendre ou, éventuellement, étendre le domaine de l'islam. Pour beaucoup de musulmans, la guerre est un djihad mineur, le djihad majeur étant la lutte contre le mal, y compris celui qui se cache dans le cœur du croyant.
- **pèlerinage** : voyage que les croyants effectuent dans un lieu saint pour des raisons religieuses.
- **prophète** : homme qui a été appelé par Dieu, qui a entendu cet appel et qui le transmet aux hommes par ses paroles, ses actes, ses silences parfois.
- **ramadan** : nom du neuvième mois du calendrier musulman, durant lequel Mahomet a reçu la visite de l'ange Gabriel. Période de jeûne qui permet au fidèle de se rapprocher du pauvre en ressentant, comme lui, la faim et la soif.
- **sanctuaire** : édifice consacré aux cérémonies religieuses ; lieu saint.
- **sunnite** : musulman qui appartient au sunnisme, courant majoritaire de l'islam.

Mahomet prêchant (représentation imaginée par un artiste)

Les deux branches principales de l'islam

Dès la disparition du Prophète, des désaccords apparaissent au sujet de sa succession. En 632, la majorité des fidèles estime qu'il faut désigner, pour le remplacer, le plus digne des musulmans. Le choix se porte alors sur un compagnon de Mahomet, Abou Bakr. Celui-ci devient le premier calife, c'est-à-dire le chef politique et religieux de la communauté. Deux autres califes lui succèdent, Omar et Othman. Mais certains pensent que le califat doit revenir à un membre de la famille du prophète. Le quatrième calife est donc Ali, gendre de Mahomet.
Cependant, d'autres fidèles jugent plus important d'être bon musulman que parent du Prophète. Le gouverneur de Damas, Moawiya, profite de ce désaccord pour susciter une guerre civile, qui se termine par l'assassinat d'Ali en 661.
Ainsi se sont constituées les deux grandes tendances du monde islamique : les **sunnites**, qui sont majoritaires, représentent « les gens de la communauté et de la tradition (en arabe, *sunna*) » ; les **chiites**, pour qui les descendants d'Ali sont les plus aptes à guider la communauté.
Minoritaires au sein de l'islam, les chiites représentent aujourd'hui 12 % des musulmans, les autres étant sunnites.

L'islam aujourd'hui

À la fin du XXe s., l'islam compte plus d'un milliard de fidèles, répartis dans le monde entier. Les pays qui entourent l'Arabie (Égypte, Maghreb, Syrie, Iraq...) restent le cœur historique et religieux de l'islam. Mais les Arabes ne représentent que 20 % de l'ensemble des musulmans. Ces derniers se trouvent en majorité en Asie (Indonésie, Inde, Pakistan, Bangladesh...) ; un très grand nombre se trouve également en Afrique noire. Cependant, la langue arabe, dans laquelle le Coran a été révélé à Mahomet, reste la langue sacrée de l'islam, dans laquelle tous les musulmans doivent réciter leurs prières. □

Mahomet et l'ange Gabriel, ou *Djibril*, tels qu'un artiste les a imaginés

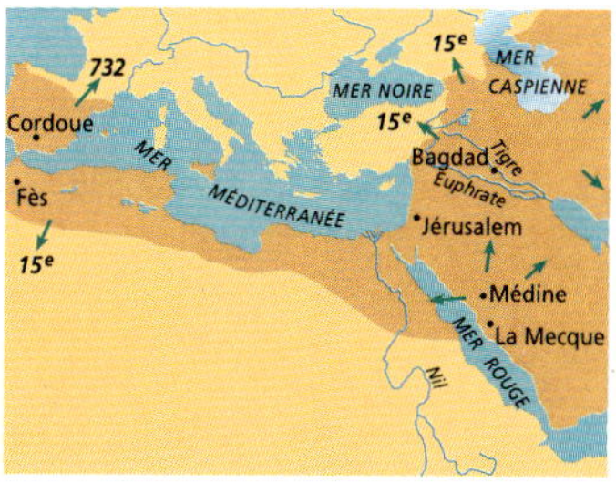

L'expansion de l'islam

Dès la mort de Mahomet (en 632 apr. J.-C.), les musulmans, exaltés par leur foi, entreprennent des conquêtes pour répandre la nouvelle religion. C'est le point de départ d'une formidable expansion. Par des batailles et par la conversion, l'islam se répand de l'Arabie vers des pays plus lointains : Afrique du Nord, Syrie, Perse, Égypte, Espagne et Portugal. À la fin du VIIIe s., les musulmans dominent un immense empire qui s'étend de l'Atlantique aux frontières de la Chine. Cet empire se divise très vite en plusieurs États dont les principales capitales sont Bagdad, Damas et Cordoue. Entre le Xe et le XVe s., l'islam se diffuse au nord de l'Inde, en Chine et en Asie centrale. Les nouvelles capitales du monde musulman sont Samarkand, Istanbul et Delhi.

la prière au coucher du soleil

Les fondements de la religion musulmane

Les chiites

Les chiites (partisans, en arabe) se réclament d'Ali, gendre de Mahomet. Ils sont fidèles à Ali et à son fils Hussein. Ils considèrent que les meilleurs guides de la communauté islamique sont les imams qui descendent d'Ali et Hussein, donc du Prophète.

Ici, la mort d'Ali et de Hussein, telle que l'imagine un miniaturiste.
Au cours de l'histoire, les chiites se sont divisés en différents courants, répartis dans plusieurs pays du Moyen-Orient. Majoritaires en Iran, ils sont également nombreux en Iraq, au Pakistan et au Liban. Nejef et Kerbela, les villes d'Iraq où Ali et Hussein ont été assassinés, sont les lieux saints des chiites. En Iran, le clergé chiite forme un groupe autonome qui comprend les mollahs et les grands ayatollahs ; ces derniers interprètent la loi religieuse et dirigent la société.

Le mot « islam » signifie en arabe « soumission volontaire à un Dieu unique et universel » et caractérise l'attitude que doit avoir le croyant musulman vis-à-vis d'Allah, le Dieu unique. L'islam est une religion fondée sur les textes contenus dans le Coran et la sunna. Ces derniers contiennent un ensemble de règles, appelées « loi islamique » ou « charia », qui régissent la vie quotidienne.

Le Coran et la sunna

En arabe, *coran* signifie « lecture », « livre » ou « récitation » ; en effet, quand il révèle à Mahomet les paroles de Dieu, l'ange Gabriel lui ordonne de les répéter, en lui disant : « Récite. » Mahomet apprend ces textes par cœur ou les dicte à ses compagnons, qui les transcrivent sur des feuilles de dattier, des morceaux de cuir ou des omoplates de chameaux. Après la mort du Prophète, le calife Othman finit de rassembler ces textes qui vont constituer le Coran. Ce dernier comporte 6 226 versets, répartis en 114 sourates, ou chapitres. Le Coran est écrit en arabe, la langue même dans laquelle a été reçue la révélation. Le livre sacré de l'islam est complété par un autre ensemble de textes, la sunna (en arabe « coutume », « tradition »). Elle comprend les paroles, les actions et les jugements de Mahomet : ce sont les hadits, ou « paroles du Prophète », qui ont été recueillis par ses compagnons. Le Coran et la sunna constituent le fondement de la foi et la loi qui guide la vie de chaque croyant.

Le message du Coran

Le Coran répète avec insistance qu'il n'y a qu'un seul Dieu : Allah. Créateur et sauveur de l'Univers, il est inaccessible et ne peut être représenté par des images. Ce Dieu, précise le Coran, a transmis sa parole et sa loi à différents prophètes, comme Abraham,

une page du Coran

Moïse, Jésus et Mahomet. Mais aucune autre révélation divine ne peut plus survenir après celle que Mahomet a reçue, parce que celle-ci englobe et dépasse toutes celles qui l'ont précédée.

Les cinq piliers de l'islam

Les cinq devoirs fondamentaux de chaque musulman, appelés « les cinq piliers de l'islam », sont les suivants.
– La profession de foi du croyant, appelée *shahada,* s'exprime dans cette formule : « Il n'y a pas d'autre Dieu qu'Allah et Mahomet est son serviteur et son prophète. » Elle est proclamée 5 fois par jour du haut du minaret, lorsque le muezzin appelle à la prière.

le bassin pour les ablutions, à l'intérieur d'une mosquée

– La prière rituelle doit être accomplie par le croyant 5 fois par jour, à l'aube, à midi, au milieu de l'après-midi, au coucher du soleil et lorsque la nuit est tombée.

– L'aumône légale, appelée *zakat,* est un impôt religieux que le musulman doit prélever de lui-même sur son salaire ou sa récolte pour aider les plus pauvres.

– Au cours du mois du **ramadan**, les adultes doivent s'abstenir de boire, de manger, de fumer et d'avoir des relations sexuelles, du lever du soleil à son coucher. Le soir, chaque famille « rompt le jeûne » et se réunit pour prier et se nourrir.

– Le grand pèlerinage à La Mecque est un voyage que tout musulman doit effectuer au moins une fois dans sa vie, s'il en a la force et les moyens, pour manifester sa foi.

Le **djihad** signifie littéralement « le combat pour une juste cause», mais se traduit le plus souvent de manière erronée par « guerre sainte ». Il ne fait pas partie des « piliers de l'islam ». Cependant, il est parfois considéré comme une obligation religieuse.

l'étude du Coran à l'école coranique

La loi islamique, ou charia

La loi islamique, ou charia, est contenue dans le Coran et la sunna. Elle régit la vie sociale et familiale, et fixe les rites de la naissance à la mort. Les règles de la charia ne sont pas appliquées de la même façon dans l'ensemble des pays musulmans : dans certains États, la charia est la seule source des lois et des règlements. Ceux-ci sont parfois très sévères : des coupables peuvent être condamnés à des châtiments corporels. En revanche, dans d'autres États, les spécialistes de l'islam font des recherches pour que les musulmans s'adaptent aux réalités du monde moderne tout en restant fidèles à l'enseignement du Coran. Quelle que soit leur attitude envers les traditions musulmanes, tous les fidèles de l'islam marquent de la même façon les grands moments de la vie. Les garçons musulmans doivent être circoncis, selon une tradition antérieure à l'islam. L'éducation religieuse des enfants commence avec la lecture du Coran, à l'école coranique.

Le mariage est une cérémonie plus familiale que religieuse. Lors de l'enterrement, on place le défunt la tête tournée vers La Mecque. La charia comporte aussi des prescriptions alimentaires. Un musulman ne doit pas manger de viande si la bête n'a pas été égorgée après récitation d'une formule rituelle, ni consommer de porc ou d'alcool. □

La femme musulmane

Née au début du Moyen Âge, la loi islamique a gardé des caractéristiques de cette époque. Ainsi, selon cette loi, les femmes doivent se comporter de façon à ne pas faire commettre de fautes aux hommes.
Puisque, au Moyen Âge, montrer ses cheveux n'était pas convenable, les femmes ont pris l'habitude, dans certains pays musulmans – pas dans tous –, de porter un voile (tchador en Iran, hijab en Afrique du Nord), comme le font ces étudiantes de l'université du Caire.

Le Coran assure aux femmes une protection dont elles ne bénéficiaient pas auparavant : il affirme que « qui élève deux filles va au Paradis ».
Il oblige les hommes à entretenir correctement leurs femmes ; il permet la polygamie mais la limite à quatre épouses, à condition d'avoir l'accord des autres femmes et d'offrir le même niveau de vie à chacune.

pèlerins autour de la Kaaba, à La Mecque (Arabie saoudite)

Les pratiques et les fêtes

Minaret et muezzin

Une ou plusieurs tours dominent la mosquée : ce sont les minarets, du haut desquels le muezzin appelle à la prière, cinq fois par jour.
Tout musulman, soit en se rendant à la mosquée, soit sur le lieu où il se trouve, est alors invité à prier.

La prière du vendredi

Les musulmans se rendent à la mosquée le vendredi à midi, pour prier ensemble. Ci-dessous, la prière à la mosquée d'Essaounna (Rabat, Maroc).

Les cérémonies de la religion musulmane se déroulent habituellement à la mosquée. Ce sont la prière solennelle du vendredi (jour de prière mais non jour de repos obligatoire) et les fêtes religieuses, qui suivent le calendrier musulman. En outre, les fidèles doivent accomplir cinq prières quotidiennes, quel que soit l'endroit où ils se trouvent.

Les guides religieux

L'islam n'admet pas d'intermédiaire entre l'homme et Dieu. Le service religieux est dirigé par un membre de la communauté qui est estimé de celle-ci et instruit de la foi musulmane. Souvent, ce fidèle chargé de présider à la prière commune est un imam, mot arabe qui signifie « guide ». L'imam est donc le musulman sous la conduite duquel, le vendredi à midi, les fidèles se réunissent pour prier et écouter un prêche.
Dans l'islam chiite, ce terme d'imam a un sens spécifique. Il désigne, par exemple, les descendants du Prophète qui ont été les guides suprêmes de toute la communauté des croyants et dont le premier, après Mahomet, fut Ali.
Certaines fonctions sont confiées, dans l'islam, à des spécialistes du Coran et de la loi islamique, tels les oulémas et les muftis. Il n'y a pas, dans le monde musulman, une autorité centrale qui se prononce sur les problèmes de foi.

La mosquée

La mosquée est l'édifice où les croyants musulmans se rassemblent surtout pour prier. Elle est souvent décorée par des versets du Coran peints ou sculptés dans la pierre, mais sans la moindre représentation figurative, car, dans la religion musulmane, on ne peut pas représenter Dieu, seules ses paroles sont illustrées.
On entre en général dans la mosquée par une vaste cour qui contient la vasque aux ablutions. En effet, chaque fidèle doit faire ses ablutions, c'est-à-dire s'asperger d'eau sur les mains, les bras, le visage, la tête et les pieds, pour se purifier avant d'aller prier.

Les fêtes des musulmans

Les pratiques rituelles, les fêtes et même la vie civile de l'islam se règlent sur un calendrier différent de celui des pays de tradition chrétienne. Ce calendrier a pour point de départ l'année 622 du calendrier chrétien, date qui correspond à l'hégire, l'émigration de Mahomet vers la ville de Médine.
Les fêtes musulmanes se succèdent au long des douze mois propres à ce calendrier et qui ont alternativement 29 et 30 jours. Au cours du mois du ramadan est célébrée la nuit du Destin, *Lailat-al-Qadr,* qui rappelle la Révélation du Coran à Mahomet.
La fête de l'*Id al-Fitr,* ou « Petite Fête », clôture dans la joie le jeûne du ramadan. Ce jour-là, on se réunit à la mosquée pour prier. C'est une fête joyeuse où, dans chaque maison, on partage des gâteaux et on s'offre des cadeaux.
À la fin du pèlerinage à La Mecque a lieu la « fête du mouton » (voir paragraphe suivant).

Le pèlerinage à La Mecque

Le dernier mois de l'année musulmane est consacré au pèlerinage à La Mecque. C'est le *Dhu l-Hijja,* ou mois du pèlerinage. La Mecque est la première ville sainte de l'islam. Les deux autres sont Médine et Jérusalem (appelée Al Quds, « la sainte », par les musulmans). Au centre de La Mecque

la mosquée Ibn Tulun au Caire (Égypte)

se trouve la Kaaba, le petit édifice cubique qui est le lieu le plus saint de l'islam. D'après certains, la Pierre noire qu'elle contient aurait été rapportée du paradis par Adam et scellée dans le sanctuaire par Abraham et son fils Ismaël. Aujourd'hui, la Kaaba, voilée de draperies noires, est le centre du pèlerinage. Avant de commencer le pèlerinage (l'un des cinq devoirs obligatoires de chaque musulman), le croyant doit s'habiller de deux pièces d'étoffe blanche sans coutures. Le rite principal consiste à tourner sept fois autour de la Kaaba en allant vers la droite à partir de la Pierre noire. Chaque fois qu'ils passent devant la pierre sacrée, les croyants y déposent un baiser, la touchent ou la saluent de la main. Le pèlerinage est l'occasion pour les musulmans de tous les pays du monde de se rencontrer pour prier ensemble. Il se termine par la « Grande Fête », l'*Id al-adha* (au Maghreb, l'*Aïd-el-Kebir*), appelée aussi « fête des sacrifices » ou « fête du mouton ». Pendant que le pèlerinage se déroule à La Mecque, les musulmans célèbrent cet événement dans les autres régions du monde. Chaque famille sacrifie une tête de bétail, en général un mouton, en souvenir de l'animal qu'Abraham immola à la place de son fils. La viande doit être partagée entre la famille, les voisins et les pauvres. □

Pour prier, les musulmans se tournent toujours en direction de La Mecque.

Prière devant le mihrab

Le mihrab est une petite niche, souvent richement décorée, qui est creusée dans le mur du fond de la mosquée. Il indique la direction de La Mecque, la première ville sainte des musulmans. Lors de l'office, les fidèles se tiennent en rang les uns derrière les autres et prient face au mihrab. Avant de commencer la prière, le croyant doit, en principe, se purifier avec de l'eau et ôter ses chaussures. C'est un signe de respect envers Dieu. Quatre postures se succèdent au cours de la prière : le fidèle se tient debout, s'incline, puis se prosterne (pour exprimer sa soumission à la volonté de Dieu). En dernier lieu, le croyant s'assied et récite des formules qui expriment les vérités fondamentales de l'islam.

les religions

orientales

62 **l'hindouisme**
L'hindouisme est une des plus anciennes religions du monde. Il repose sur les Veda, textes sacrés qui racontent l'histoire des dieux.

66 **jaïnisme et sikhisme**
Ces deux religions sont nées en Inde. Le jaïnisme est fondé sur la non-violence, alors que le sikhisme est devenu une religion de guerriers.

68 **le bouddhisme**
Fondé au Vᵉ s. av. J.-C. par un sage nommé Bouddha, le bouddhisme est aujourd'hui une des religions les plus pratiquées dans le monde.

74 **le confucianisme et le taoïsme**
Le confucianisme et le taoïsme sont apparus en Chine au VIᵉ s. av. J.-C. Ils ont été fondés respectivement par les sages Confucius et Lao Tseu.

76 **les religions du Japon**
Le shintoïsme, fondé sur le culte de la nature, est proprement japonais. Le bouddhisme a été importé de Chine et de Corée à la fin du VIᵉ siècle.

L'hindouisme est l'une des religions les plus anciennes au monde. Il est né vers 2000 av. J.-C., en Inde, où il continue d'être majoritairement pratiqué. Il repose sur des textes sacrés. Ses fidèles sont appelés les hindous.

L'hindouisme

- **ablution** : geste que font les croyants de certaines religions pour se purifier, en aspergeant d'eau différentes parties de leur corps.
- **attribut** : ce qui est propre à quelqu'un ou à quelque chose, ce qui le caractérise.
- **avatar** : nom donné aux différentes incarnations du dieu Vishnou.
- **brahmane** : membre de la première des castes hindoues. Ce sont les brahmanes qui étudient les textes sacrés.
- **caste** : groupe auquel on appartient par la naissance et dont on ne peut changer au cours de sa vie.
- **épopée** : long poème ou récit en prose qui raconte les exploits d'un héros légendaire.
- **gourou** : en Inde, sage considéré comme un maître spirituel ; on lui confie l'éducation religieuse des jeunes garçons appartenant aux hautes castes.
- **incarnation** : fait, pour un dieu, de prendre les apparences d'un homme, d'un animal...
- **karma** : principe selon lequel la vie d'un être humain n'est que le maillon d'une chaîne de vies. Le bonheur dans chaque vie dépend des actions accomplies dans la précédente.
- **réincarnation** : fait de revivre après la mort dans un nouveau corps.

le dieu suprême, Brahma

le dieu Krishna et sa compagne Rada

La religion hindoue compte aujourd'hui environ 700 millions de fidèles dans le monde. Elle est largement dominante en Asie du Sud-Est, notamment en Inde et à Bali. L'hindouisme se fonde sur plusieurs catégories de textes. On distingue en particulier les Veda, qui furent composés à partir de 1800 av. J.-C., et les **épopées**, rédigées à partir de 700 av. J.-C.

Les textes sacrés et les épopées

Les Veda racontent les origines du monde, la vie des dieux, et enseignent les prières et les rites. Ils constituent quatre ouvrages, dont le plus ancien, le Rigveda, contient plus d'un millier de chants adressés aux dieux. Les Veda ont par la suite été commentés par les **brahmanes** et ont donné naissance à d'autres textes, notamment les Upanisad, les Brahmana et le Code de Manu. Dans ce dernier recueil sont exposés le principe des **castes** et la loi de la **réincarnation**.

Les épopées ont été rédigées plus tardivement que les Veda et généralement en vers. Elles racontent la vie des dieux et expliquent les origines du monde. Les deux principales sont le Mahabharata et le Ramayana.

Le Mahabharata, le plus long poème qui ait jamais été composé, raconte en 200 000 vers la lutte entre deux familles princières, les cent Kaurava et leurs cousins, les cinq frères Pandava. Les dieux participent à ces conflits ; le dieu Krishna prend parti pour les cinq frères et les aide à gagner. Au cours du récit, Krishna donne son enseignement dans un long poème, la Bhagavad-Gita, ou Chant du Bienheureux.

L'épopée du Ramayana raconte la vie et les aventures de Rama, septième **incarnation** ou **avatar** du dieu Vishnou.

le repos du dieu Vishnou

Une multitude de dieux

Il y a plusieurs milliers de dieux dans l'hindouisme. Ils sont tous des représentations d'un Être unique qui existe avant toute chose et se trouve partout. À l'époque où furent écrits les Veda, Indra, souverain du Ciel, était l'un des dieux principaux. Trois dieux prirent ensuite plus d'importance : Brahma, Vishnou, et Shiva. Brahma crée le monde, il a quatre visages et quatre bras qui lui permettent de voir et d'agir partout. Vishnou conserve le monde, il a pour **attributs** un disque, symbole de l'énergie divine, une massue, signe de puissance, et une conque, qui représente l'eau, la fertilité et la richesse. Shiva détruit le monde pour le transformer, il est à la fois terrible et bienfaisant. Il est souvent représenté dans un cercle de feu, élément destructeur, et tient un petit tambour qui a produit le premier son, celui de la création.

Les castes

En Inde, la société est divisée en castes : au sommet, les brahmanes, puis les ksatriya (nobles et guerriers), les vaisya (commerçants et agriculteurs), enfin les sudra (serviteurs des autres castes). C'est le dieu Brahma, le créateur du monde, qui aurait donné naissance à cette organisation sociale, chaque caste provenant d'une partie de son corps : de sa bouche est sortie la caste la plus pure, celle des brahmanes, qui étudient les textes sacrés ; de ses bras sont nés les ksatriya ; de sa cuisse, les vaisya, et de ses pieds, les sudra. Les hindous qui n'appartiennent à aucune des quatre castes principales sont considérés comme impurs. On les appelle les « intouchables ». Le système des castes a été officiellement supprimé en 1947 ; cependant, il existe toujours dans certaines régions.

Le cycle des réincarnations

Dans l'hindouisme, chaque individu vit plusieurs fois. La mort est le passage d'une destinée à une autre. Après la mort, l'âme, qui est éternelle, se réincarne dans un autre corps, en fonction des actions accomplies dans la vie qui vient de s'achever. C'est la loi du **karma**. □

un sage en prière

Le dieu Ganesha

La légende raconte que Ganesha montait la garde pendant que sa mère, la déesse Parvati, se baignait. Or son père, le dieu Shiva, ne le reconnut pas et, jaloux, lui fit trancher la tête.

Pour consoler sa femme, Shiva lui promit de donner à Ganesha la tête de la première créature qui se présenterait. Ce fut un éléphant. Ganesha est donc représenté avec un corps d'homme ventru, une tête d'éléphant et quatre bras, généralement de couleur rouge. Sa monture est un rat, symbole des voleurs. Il est le « Seigneur des obstacles », le dieu du Savoir, de l'Intelligence, des Arts et du Commerce. Ce dieu secondaire est l'un des dieux les plus populaires de l'hindouisme. Son anniversaire est célébré par de grandes fêtes.

hindous en prière dans un temple

Les rites et les fêtes

Le Gange

Le Gange est le fleuve sacré. Les hindous croient que Ganga Mai, « notre mère Gange », a été envoyée sur terre par le dieu Brahma. Le Gange prendrait sa source dans le gros orteil du dieu Vishnou ou encore il coulerait de la chevelure de Shiva. Tout au long de son cours, il est jalonné de villes saintes comme Bénarès. Des millions de pèlerins viennent y prendre leur bain rituel.

Pour l'hindou, tous les actes de la vie ont un caractère sacré. Libre de s'adresser au dieu qu'il a choisi parmi toutes les divinités de l'hindouisme, il accomplit chaque jour chez lui des gestes de prière, d'offrande et fait des **ablutions**. Il se rend au temple où les prêtres rendent le culte au dieu. Enfin, il participe aux fêtes et aux pèlerinages, afin de se rapprocher des dieux et d'obtenir une réincarnation meilleure dans sa future existence.

Prières et cérémonies

Chaque maison possède un autel avec les images de la divinité qui protège la famille. Les membres de la famille prient devant cet autel deux fois par jour, au lever et au coucher du soleil. Assis en tailleur, chacun récite les textes sacrés en faisant brûler des bâtons d'encens, puis offre au dieu de la nourriture, des fleurs, de l'eau, des graines… De nombreux rites de purification rythment la journée : rinçage de la bouche, aspersion de la tête. Ils sont accompagnés de prières. Le croyant va au temple dans son quartier ou dans son village, pour rendre visite aux dieux, leur porter des offrandes (lampes ou bougies allumées, fruits, fleurs ou parfums) ou écouter la récitation des Veda.

Le temple est la demeure d'un dieu principal, Vishnou ou Shiva, généralement entouré de tous les autres dieux qui lui sont associés. Son image, souvent une statue, se trouve dans une pièce spéciale, où veille un prêtre du temple. Dans les grands temples, le prêtre appartient à la caste des brahmanes. Chaque jour, il « lève » le dieu, lui présente les offrandes afin qu'il soit bienveillant envers toute la communauté des croyants. Il chante des hymnes et organise en son honneur des spectacles de musique et de danse.

La baignade dans le Gange permet de se purifier.

offrande de bougies et de fleurs

En Inde, la vache est vénérée comme symbole de l'Univers.

Les grandes étapes de la vie du croyant

Dès sa naissance, le nouveau-né est présenté aux dieux. À cette occasion, un **gourou**, c'est-à-dire un « maître spirituel », se rend au domicile de la famille et introduit dans la bouche du nourrisson une bouillie de miel et de beurre fondu. Le dixième jour, on donne son nom à l'enfant. À quatre ans, on lui rase le crâne et on offre sa chevelure aux dieux de la famille. Les cheveux qui repousseront seront le signe d'une nouvelle vie. Dans les familles appartenant à l'une des trois premières castes, le jeune garçon, entre sept et dix ans, est soumis à la cérémonie de l'initiation (l'upanayana) qui l'intègre à sa caste. Le gourou choisi par le père passe autour du bras droit et de la tête du jeune hindou le cordon sacré montrant qu'il est désormais « deux fois né ». Les rites du mariage durent plusieurs jours. L'épouse, conduite dans sa nouvelle demeure, apporte le feu domestique, s'assied sur une peau de bœuf rouge puis partage le mets d'offrande avec son époux. L'homme marié devenu le chef de famille a le devoir de procréer des fils pour assurer la descendance, de veiller sur le foyer et d'exécuter les rites domestiques.

Les fêtes

Les fêtes prennent des formes différentes d'une région à l'autre de l'Inde. Elles évoquent souvent des épisodes des grandes épopées du Mahabharata et du Ramayana. En novembre-décembre, Diwali, ou fête des Lumières, marque le Nouvel An dans le nord du pays. Des milliers de petites lampes brûlent aux fenêtres des maisons, autour des temples et au pied des statues des dieux. Des feux d'artifice sont tirés en l'honneur de Vishnou. Holi, en février-mars, célèbre l'arrivée du printemps. Cette fête joyeuse est dédiée à Kama, le dieu de l'Amour. Dans les rues, on allume des feux de joie. Pendant qu'ils défilent en procession, les fidèles s'aspergent de poudre rouge et d'eau colorée, en signe de renouveau. Selon les lieux, on fête aussi Kali, la déesse aux dix bras, Ganesha, à la tête d'éléphant, ou Rama, le héros du Ramayana. Au cours de processions qui partent du temple et y reviennent, on promène sur des chars des représentations géantes de la divinité. La plupart des fêtes se terminent par un bain purificateur, pour laver le dieu des impuretés qu'ont pu lui transmettre les fidèles. □

Une crémation

Après sa mort, le défunt est habillé de vêtements neufs et emporté en cortège pour la crémation. Son corps est exposé sur un bûcher et brûlé.

Le temple de Kandarya

Construit en 1002, c'est l'un des plus beaux édifices du site de Khajuraho, qui compte trente temples.

Le jaïnisme et le sikhisme sont deux religions pratiquées en Inde par moins de 3 % de la population. Ces religions sont toutes deux fondées sur l'enseignement d'un maître, qui mène une vie exemplaire et prêche sa foi.

Jaïnisme et sikhisme

- **ascète** : personne qui s'impose une vie très austère et qui renonce aux plaisirs du corps pour des raisons morales ou religieuses.
- **aumône** : don que l'on fait aux pauvres.
- **caste** : groupe auquel on appartient par la naissance et dont on ne peut changer au cours de sa vie.
- **chasteté** : fait de s'abstenir des plaisirs sexuels.
- **crémation** : action de brûler les morts.
- **gourou** : en Inde, sage considéré comme un maître spirituel ; on lui confiait l'éducation religieuse des jeunes garçons appartenant aux hautes castes. Chez les sikhs, le gourou est la principale autorité religieuse.
- **illumination** : fait d'accéder à la compréhension totale de l'âme humaine et du monde.
- **Jina** : personnage qui a réussi à se libérer de la chaîne des réincarnations.
- **karma** : principe selon lequel la vie d'un être humain n'est que le maillon d'une chaîne de vies. Le bonheur dans chaque vie dépend des actions accomplies dans la précédente.
- **réincarnation** : fait de revivre après la mort dans un nouveau corps.
- **végétarien** : personne qui ne mange jamais de viande.

Le jaïnisme et le sikhisme sont nés en réaction contre l'hindouisme et son système de **castes**. Le jaïnisme a été fondé au Ve s. av. J.-C. par Mahavira, surnommé Jina, le vainqueur. Le sikhisme est né beaucoup plus tard, à la fin du XVe s., sous l'impulsion de Guru Nanak.

La naissance du jaïnisme

Vers 540 av. J.-C., à l'âge de 28 ans, Mahavira abandonne sa famille, et pendant douze ans mène une vie d'**ascète**, parcourant les chemins, vivant d'**aumônes** et méditant. À l'âge de 40 ans, il atteint l'**illumination**. Dès lors, jusqu'à sa mort, Mahavira consacre son temps à enseigner. Chacun est responsable, dit-il, de son salut et peut mettre fin au cycle des renaissances successives. Les disciples de Mahavira, à leur tour, iront prêcher le jaïnisme. Les textes qui fondent la religion sont fixés par écrit beaucoup plus tard, au Ve siècle.

Le message du jaïnisme

Le principe fondamental du jaïnisme est la non-violence *(ahimsa)*, qui se manifeste par le respect de toute vie : humaine, animale ou végétale. Certains religieux portent un voile devant la bouche, d'autres balaient le sol devant eux en marchant ou avant de s'asseoir, pour éviter de tuer le moindre animal.
Tous les jaïns sont **végétariens**. Ils ne peuvent pas exercer certains métiers comme celui d'agriculteur. En labourant, ils pourraient blesser des animaux.
Moines et nonnes se regroupent en communautés, dirigées par un maître. Ils vivent d'aumônes. Ils font vœu de **chasteté** et de pauvreté. Ils ne doivent ni mentir ni voler. Le croyant se rend dans les temples pour prier et porter des offrandes de nourriture, de parfum, de fleurs ou d'argent

offrande aux pieds de la statue géante de Bahubali

fidèle jaïn dans un temple

aux **Jina** (personnes qui ont atteint la perfection). Il s'assoit au pied de la statue, récite des hymnes et lit les Écritures.
Tous les douze ans, les jaïns se rassemblent au pied de la statue de Bahubali, un sage qui a achevé le cycle des réincarnations.

L'histoire du sikhisme

Quand naît le sikhisme, à la fin du XVe s., les armées turques dominent l'Inde depuis deux siècles et ont cherché à y imposer l'islam. Aussi le sikhisme s'inspire-t-il de la religion musulmane dans sa croyance en un dieu unique, créateur tout-puissant.
Le fondateur du sikhisme, Guru Nanak, est né près de Lahore, dans le Pendjab, en 1469. Après plusieurs années de méditation et de vie errante, il reçoit un jour l'illumination. Il se met alors à prêcher sa foi en un Dieu suprême et enseigne la voie pour échapper à la loi du **karma** en se libérant du cycle des **réincarnations**. Ses disciples sont appelés « sikhs », c'est-à-dire « ceux qui ont appris ». Quand il meurt en 1539, il apparaît comme le **gourou**, le guide spirituel d'une nouvelle religion. Après lui, neuf gourous se succèdent et enrichissent le sikhisme de leurs propres enseignements. L'ensemble de ces textes, qui comptent plus de 1 400 pages, constitue le Granth Sahib, le livre sacré.
Au XVIIIe s., le dixième gourou, Govind Singh, transforme le sikhisme en une religion de guerriers, avec un code de discipline. Cette religion est appelée « la religion du Kirpan », c'est-à-dire de l'épée, et s'oppose à la domination musulmane. Elle affirme l'égalité de tous, quelle que soit la caste d'origine. Ce gourou déclare qu'après lui l'autorité religieuse ne viendra plus d'un gourou mais sera le Livre lui-même. Le Granth Sahib devient ainsi le Guru Granth Sahib.

Rites et fêtes du sikhisme

Quatre rites principaux rythment l'existence du sikh : le choix d'un nom, l'initiation à l'adolescence, le mariage et, après la mort, la **crémation**. Les vêtements et accessoires font partie du rituel. Les cinq K : la barbe et les cheveux non coupés *(Kesh)*, retenus par un peigne *(Kangha)*, le bracelet métallique *(Kara)*, le pantalon court *(Karsha)* et l'épée *(Kirpan)* représentent à la fois l'unité et la fraternité de la communauté sikh. Ils rappellent aussi que les croyants doivent défendre leurs droits et leur liberté.
Le livre sacré est au cœur du rituel sikh. Chaque maison en possède un exemplaire. Dans les temples, le Guru Granth Sahib repose sur un autel recouvert d'une étoffe pour le protéger des impuretés. Les croyants se rendent dans les temples pour écouter les formules sacrées et les hymnes. □

Le mazdéisme

Le mazdéisme est une religion fondée en Perse (l'Iran actuel) au Ve s. av. J.-C. par Zoroastre. Au IXe s., de nombreux mazdéens s'installent au nord-ouest de l'Inde, où on les appelle « Parsis » (Perses). Leur dieu principal est Ahura-Mazda, dont le symbole est le feu. Il y a environ 200 000 Parsis en Inde.

la lecture du Granth Sahib

Le bouddhisme a été fondé en Inde au Vᵉ s. av. J.-C. par un sage nommé Bouddha, et s'est répandu dans toute l'Asie entre les IIᵉ et XIIᵉ s. Cette religion a été influencée par les croyances des pays qui l'ont adoptée.

Le bouddhisme

- **ascète** : personne qui s'impose une vie très austère et qui renonce aux plaisirs du corps pour des raisons morales ou religieuses.
- **bodhisattva** : sage qui fait le vœu de sauver tous les êtres et d'aider ceux qui souffrent au lieu d'atteindre le nirvana.
- **culte** : hommage que l'on rend à un dieu ou à une divinité ; cérémonie religieuse par laquelle on rend cet hommage.
- **doctrine** : ensemble des croyances, des idées, des règles qui définissent une conception du monde, une façon de se comporter.
- **illumination** : fait d'accéder à la compréhension totale de l'âme humaine et du monde.
- **moulin à prières** : cylindre qui contient des formules sacrées, et que les bouddhistes font tourner au moyen d'une poignée.
- **nirvana** : état que l'on atteint lorsque, ayant échappé au cycle des réincarnations, on ne ressent plus de désir, donc plus de souffrance.
- **réincarnation** : fait de revivre après la mort dans un nouveau corps.
- **rite** : ensemble des pratiques et des cérémonies religieuses que les hommes accomplissent dans le cadre d'une croyance, d'une religion.
- **sermon** : discours à caractère religieux.

Le bouddhisme est aujourd'hui l'une des trois religions dominantes dans le monde. Il compte entre 300 et 400 millions de fidèles, qui vivent surtout en Asie du Sud-Est.
Le fondateur du bouddhisme, Bouddha, naît en Inde à la fin du VIᵉ s. av. J.-C. À cette époque, tous les Indiens pratiquent l'hindouisme, et c'est en prenant appui sur cette religion que Bouddha enseigne une nouvelle **doctrine**. Il s'agit davantage d'une sagesse, sans dieu ni texte sacré, que d'une véritable religion.

La vie de Bouddha

Le prince Siddharta Gautama naît vers 533 av. J.-C. dans la ville de Kapilavastu, au nord de l'Inde. Il mène une existence très protégée dans le palais de ses parents. Mais, à l'âge de vingt-neuf ans, il fait quatre rencontres qui bouleversent sa vie : il croise un vieillard, un homme malade, un mort et un religieux en train de mendier pour se nourrir. Il découvre ainsi la vieillesse, la douleur, la mort et la pauvreté, et s'interroge sur le sens de l'existence. Il décide de partir pour mener la vie des religieux mendiants et méditer. Il séjourne d'abord auprès d'**ascètes** hindous, qui lui apprennent à jeûner et à se concentrer pour méditer. Il étudie ensuite les textes sacrés de l'hindouisme. Mais, n'ayant pas trouvé de réponse à ses questions, il décide de chercher en lui-même la voie qui conduit à la Vérité et à sa propre libération.
La légende raconte que c'est à Bodhgaya, assis au pied d'un figuier, l'arbre qui symbolise la connaissance *(bodhi),* qu'il reçoit l'« **illumination** » à la suite d'une méditation prolongée. Il devient, alors, le Bouddha, c'est-à-dire « l'Éveillé » ou « l'Illuminé ».
À Bénarès, il prononce son premier discours. Puis, avec ses disciples, il parcourt le nord de l'Inde pour enseigner sa doctrine.
Après de longues années de vie errante, il meurt très âgé.

Le message de Bouddha

Devant ses disciples, lors du **sermon** de Bénarès, Bouddha expose les Quatre Nobles Vérités, qui constituent la base de sa doctrine. Il affirme d'abord que le monde n'est que

la statue du Bouddha couché de Polonnaruwa, à Ceylan

la naissance de Bouddha

Bouddha sous le figuier où il reçut l'« illumination », à Bodhgaya

douleur (première Vérité). La naissance, la maladie, la vieillesse, la mort engendrent des souffrances.
La douleur de l'homme provient de son attachement à la vie et de son désir, qui ne peut jamais être satisfait, de posséder le bonheur (deuxième Vérité).
Pour faire cesser la douleur et parvenir à la paix, il faut donc se délivrer du désir et l'anéantir (troisième Vérité) en menant une vie exemplaire (quatrième Vérité).
Dans cette dernière vérité, Bouddha révèle la voie que l'homme doit emprunter pour faire cesser la douleur et connaître le **nirvana**.
Il définit le nirvana comme un état de béatitude éternelle, où le désir, l'ignorance, le temps et la souffrance n'existent plus.
Avec le nirvana prend fin le cycle des **réincarnations** successives.
Le bouddhisme s'adresse à tous sans exclusion : quels que soient leur sexe ou leur origine sociale, tous les bouddhistes appartiennent à la même communauté, le sangha.
Pour atteindre la sagesse, il faut méditer longuement chaque jour sur les Quatre Vérités et suivre les principes moraux définis par Bouddha.
Au IIIe s. av. J.-C., l'empereur indien Asoka se convertit au bouddhisme, qui devient la religion officielle. De nombreux moines diffusent le message bouddhiste hors des frontières. Le bouddhisme se propage ainsi dans toute l'Asie. Il pénètre le Sri Lanka, la Birmanie et la Chine. Jusqu'au VIIIe s., cette religion connaît une expansion très rapide, s'implantant en Corée, au Japon et au Tibet, mais elle est de moins en moins pratiquée en Inde à partir du Ve s. apr. J.-C. □

L'empreinte des pieds de Bouddha

À l'origine du bouddhisme, on ne faisait ni peintures ni statues de Bouddha, car il semblait impossible de représenter un personnage si extraordinaire. On utilisait donc des symboles, comme les traces qu'il avait laissées de son passage. Dans le temple de Haein, en Corée, les moines conservent plus de 81 000 morceaux de bois comme celui-ci.

Ils représentent l'empreinte des pas de Bouddha, et sont gravés avec des textes sacrés. Les autres symboles de Bouddha sont la roue, symbole de la vie et du cosmos, le parasol et le trône, signes d'autorité, le lotus, fleur qui symbolise la pureté, et l'éléphant blanc dont la mère de Bouddha avait rêvé avant la naissance de l'enfant.

une femme priant devant les statues de Bouddha

Les courants du bouddhisme et les fêtes

Le bouddhisme tibétain

Appelée aussi « lamaïsme » (du nom des religieux, les lamas, qui gouvernaient le Tibet), cette autre forme de bouddhisme, issue du courant mahayana, s'est mêlée à l'ancienne religion en place. Le dalaï-lama est le chef spirituel du bouddhisme tibétain.

Il est considéré comme une réincarnation de Bouddha. Son palais de Lhassa (en haut), au Tibet, attire toujours de nombreux fidèles. Actuellement, le dalaï-lama vit en exil en Inde, car son pays est occupé par la Chine depuis 1959. Les lamaïstes pratiquent toutes sortes de rites pour invoquer leurs divinités et chasser les démons. Ils utilisent fréquemment des moulins à prières, qui sont parfois fixés à l'entrée des temples (ci-dessus).

À partir du IIIe s. apr. J.-C., le bouddhisme se divise en deux grands courants, qui proposent chacun une voie (véhicule) différente pour atteindre le nirvana : l'Hinayana (le Petit Véhicule) et le Mahayana (Grand Véhicule).
À l'origine, le bouddhisme ne comporte ni **culte** ni cérémonies particulières. Mais, peu à peu, les fidèles ont célébré des **rites** et des fêtes.

Le bouddhisme hinayana

Le courant hinayana, ou Petit Véhicule, est aujourd'hui pratiqué par 35 % des bouddhistes. C'est la religion dominante au Sri Lanka, en Birmanie, en Thaïlande, au Cambodge et au Laos.
Les fidèles appliquent strictement la règle de vie de Bouddha. Ils s'engagent à trouver refuge en Bouddha, dans le dharma (les sermons de Bouddha) et dans le sangha (la communauté). Le bouddhisme hinayana est essentiellement une règle de vie monastique, sans divinité suprême. Les croyants observent les interdits : interdiction de tuer, de voler, de commettre l'adultère (être infidèle), de mentir, de consommer des boissons enivrantes.
Les moines choisissent de se retirer de la société afin de méditer et se regroupent en communauté. Ils ne font qu'un repas par jour, vivent d'aumônes : ce sont des moines-mendiants. Ils assurent l'éducation des enfants, célèbrent les naissances, les mariages et les enterrements. Tous les ans, on fête la fondation de la communauté (en février ou en mars) et le moment où les moines restent au monastère pendant la saison des pluies (en juillet ou en août).

Le bouddhisme mahayana

Le courant mahayana (Grand Véhicule) rassemble aujourd'hui 60 % des bouddhistes. Il est surtout pratiqué en Chine, en Corée,

jeunes moines thaïlandais

un fidèle bouddhiste offrant de l'encens

au Japon, et aussi au Népal, en Mongolie et au Viêt Nam.
Les bouddhistes du Mahayana interprètent de façon plus large le message de Bouddha. Ils rendent en même temps un culte aux divinités hindoues et à celles d'une autre religion, comme le taoïsme en Chine ou le shintoïsme au Japon. Ils vénèrent principalement les différentes figures de Bouddha, dont ils ont fait un dieu.
Ils vouent aussi un culte aux **bodhisattvas**, des hommes emplis de sagesse qui ont décidé de se consacrer au salut des autres. Le plus vénéré d'entre eux est Avalokiteshvara, qui a plusieurs bras et de nombreuses têtes, symbolisant l'aide infinie qu'il apporte aux hommes.
Lors des cérémonies, les moines recouvrent la statue de Bouddha d'étoffes, d'or et de bijoux. Les fidèles apportent des offrandes de nourriture, de fleurs ou d'encens.
Ils récitent des prières, et s'assoient aux pieds de Bouddha pour méditer.

Les fêtes communes

Tous les bouddhistes célèbrent les fêtes qui rappellent les grands événements de la vie de Bouddha. Des pèlerinages attirent périodiquement des foules de croyants dans les lieux où vécut Bouddha : Kapilavastu, sa ville natale ; Bodhgaya, où il reçut l'illumination ; Bénarès, où il a prêché pour la première fois, et Kusinara, où il est mort.
Là, dans les nombreux temples qui ont été construits, les pèlerins viennent prier et se prosterner devant les images de Bouddha.
L'ensemble des rites est différent selon les régions et les pays : le fidèle peut s'asseoir par terre, les jambes croisées et les mains posées sur les genoux ; se prosterner en s'allongeant sur le sol, face contre terre ; égrener un chapelet en répétant au fur

procession funéraire bouddhiste en Corée

et à mesure des formules, ou encore utiliser un **moulin à prières**.
En avril, on fête la naissance de Bouddha. Dans certains pays, on élève dans les temples un autel de fleurs où est placée la statue de Bouddha enfant, sur laquelle on verse du thé sucré.
En juillet, on commémore la mort de Bouddha. Ce jour-là, les bouddhistes honorent les esprits des morts en allumant des petites lampes qu'ils font flotter sur l'eau.
Les fêtes sont l'occasion de spectacles.
Les moines portent des masques et se costument pour mimer l'événement.
Ils reprennent les multiples récits légendaires auxquels la vie de Bouddha a donné lieu. □

Un stupa

**Les adeptes du bouddhisme mahayana vénèrent les reliques de Bouddha qui ont été partagées après sa mort : ossements, cheveux, dents.
Ils ont élevé des monuments, les stupas, pour les conserver.
Le stupa comporte généralement un dôme.
D'après la légende, Bouddha aurait indiqué lui-même la forme à donner aux stupas en retournant son bol à aumônes.**

**Ces édifices contiennent aussi les cendres des bodhisattvas et les textes saints.
Les fidèles viennent y déposer des offrandes. En procession, ils tournent autour du stupa, en chantant des hymnes et en récitant des formules sacrées.
Sur le grand stupa de Bodnath (ci-dessus), au Népal, sont représentés les yeux de Bouddha. Le signe entre les deux yeux traduit les liens de Bouddha avec la divinité.**

Le temple de Borobudur

Ce temple est un lieu de pèlerinage important, où de nombreux moines et fidèles bouddhistes vont méditer et prier. Il se trouve dans l'île de Java (Asie du Sud-Est) et a été édifié au VIIIe s. apr. J.-C. Le sanctuaire principal est un mandala, c'est-à-dire qu'il symbolise le cosmos, l'Univers tel que les bouddhistes se le représentent. Ses quatre escaliers sont orientés en fonction des points cardinaux (est, ouest, nord, sud). Les cinq premières terrasses symbolisent la vie terrestre de Bouddha, les trois terrasses les plus élevées représentent le monde de l'esprit. Ci-dessus, le Bouddha, une sculpture des grottes d'Ajanta, lieu de pèlerinage en Inde.

Deux mouvements religieux sont nés en Chine au VIe s. av. J.-C., le confucianisme et le taoïsme. Le premier a été fondé par Confucius, le second par Laozi. Ces deux religions ou sagesses se sont maintenues jusqu'à nos jours.

Le confucianisme et le

- **culte** : hommage que l'on rend à un dieu ou à une divinité ; cérémonie religieuse par laquelle on rend cet hommage.
- **disciple** : personne qui suit l'enseignement d'un maître, qui adopte ses idées ou sa façon de vivre.
- **doctrine** : ensemble des croyances, des idées, des règles, qui définissent une conception du monde, une façon de se comporter.

- **jeûne** : fait de ne pas manger, pour des raisons religieuses.
- **morale** : ensemble des règles de conduite d'une société, qu se fondent sur les valeurs du bien et du mal.
- **rite** : ensemble des pratiques et des cérémonies religieuses que les hommes accomplissent dans le cadre d'une croyance, d'une religion.
- **tao ou dao** : principe d'ordre qui explique l'Univers. Tao signifie « la véritable voie qui mène au ciel ».
- **yang** : voir yin.
- **yin** : le yin et le yang sont deux forces complémentaires, l'une féminine, l'autre masculine, auxquelles le monde est soumis. Leur alternance explique, entre autres, le cycle des saisons.

Avant l'apparition du confucianisme et du taoïsme, il existait en Chine d'autres croyances. Au IIe s. av. J.-C., le bouddhisme est venu de l'Inde et a été adopté par de nombreux Chinois. Cette religion est devenue par la suite aussi importante que le confucianisme et le taoïsme. Pour les Chinois, ces **doctrines** ne sont pas contradictoires.

Le culte des ancêtres

Dans la Chine ancienne, c'est-à-dire entre le XXIIIe s. et le IIIe s. av. J.-C., la religion qui prédomine est le **culte** des ancêtres. Les morts sont considérés comme des esprits qui entretiennent des liens étroits avec leurs descendants vivants. Chaque famille chinoise vénère ses ancêtres. Dans la maison, des tablettes où sont inscrits les noms des morts sont posées sur un petit autel. On y allume des bâtons d'encens, on y apporte des offrandes.

Le confucianisme

Au VIe s. av. J.-C., un sage du nom de Confucius enseigne une nouvelle doctrine. Son nom chinois est Kongzi, c'est-à-dire « maître Kong ». Sa doctrine n'est pas véritablement une religion, mais plutôt une **morale** qui doit aider l'homme à se perfectionner. Ses paroles sont rassemblées dans les Cinq Classiques et dans les Entretiens qu'ont rédigés ses **disciples**. Le maître enseigne le respect des **rites** et la piété filiale, c'est-à-dire l'obéissance absolue au père, qui est l'autorité suprême.
Le confucianisme établit une règle de vie sociale et n'a ni prêtre, ni dieux, ni temples. Le seul culte qu'il connaît est le culte des ancêtres. L'un des rites consiste à se rendre sur la tombe du souverain pour lui rendre hommage en tant qu'ancêtre de la communauté. Les idées de Confucius s'appliquent tout particulièrement aux

école confucianiste dans un village de Corée

l'un des cinq pics sacrés de Chine, le mont Huang Shan

aoïsme

rite taoïste consistant à fertiliser la terre avec de l'encens

rassemblement de prêtres au cours d'une fête taoïste

relations entre l'empereur et ses sujets, entre l'État et le peuple. Tout comme il oblige le fils à obéir au père, le confucianisme recommande l'obéissance au souverain. Les mandarins, fonctionnaires qui assistaient l'empereur, devaient connaître les textes de Confucius. Depuis la fin de l'empire, sous le régime communiste de Mao Zedong, le confucianisme a été combattu. Malgré cela, de nombreux Chinois continuent de pratiquer cette religion.

Le taoïsme

Le taoïsme fut fondé au VIe s. av. J.-C. par un philosophe du nom de Laozi ou Lao-tseu, qui signifie « vieux maître ». Laozi est l'auteur d'un petit ouvrage, le *Daodejing*, ou *Livre de la Voie et de la Vertu*. Il enseigne le taoïsme, ou doctrine de la Voie (**tao**, ou dao, en chinois). Deux forces s'opposent et rythment la vie : le **yin**, qui est froid, opaque, féminin, et le **yang**, qui est chaud, lumineux, masculin. Ces deux forces complémentaires s'équilibrent. L'homme doit trouver son tao, prendre sa place au sein de l'Univers et ne pas détruire l'harmonie qui y règne. Les taoïstes vénèrent les dieux du Ciel, de la Terre et de l'Eau, les puissances des Vents, des Fleuves ou des Montagnes. Les fidèles sont surtout des paysans et des artisans. Chaque village possède un temple du dieu du Sol, protecteur du territoire et de ses habitants. Au IIe s., le taoïsme devient véritablement une religion, avec de nouveaux textes, des lieux de culte et des prêtres. Les règles recommandent le **jeûne**, la méditation, la douceur, la pureté… Les fidèles se rendent en pèlerinage sur les lieux saints (montagnes, îles…), là où réside la divinité, pour lui porter des offrandes et obtenir ainsi ses faveurs. Sur le chemin qui mène au sommet de la montagne Tai Shan, l'un des cinq pics sacrés du taoïsme (dans la province du Shandong), les fidèles brûlent des bâtons d'encens qu'ils plantent tout le long du sentier. Sous l'influence du bouddhisme, certains fidèles se retirent et fondent des monastères. □

L'union des trois doctrines

À côté du taoïsme et du confucianisme, le bouddhisme s'est développé en Chine à partir du IIe s. av. J.-C. Ces trois religions se sont influencées mutuellement. Au XVIe et au XVIIe s., un mouvement a même tenté de réunir les trois doctrines en une seule. La plupart des Chinois pratiquent ces trois religions. Ainsi, on peut voir parfois Bouddha, Confucius et Laozi (ou Lao-tseu) représentés côte à côte (ci-dessous). La légende raconte que Laozi et Confucius se seraient rencontrés durant leur vie. Qu'ils soient confucianistes, taoïstes ou bouddhistes, les Chinois se rendent au Tai Shan, une des montagnes sacrées, au flanc de laquelle de nombreux temples ont été édifiés.

Le shintoïsme et le bouddhisme sont les deux religions principales du Japon. Le shintoïsme est né au Japon alors que le bouddhisme y est arrivé au VIe s. et s'y est développé sous des formes particulières.

Les religions du Japon

- **amulette : objet qui est censé protéger du mal celui qui le porte ou qui l'a près de lui.**
- **arts martiaux : ensemble des sports de combat d'origine japonaise, comme le judo, le karaté, l'aïkido.**
- **autel : table, surface plane sur laquelle on dépose ce que l'on offre aux dieux.**
- **bodhisattva : sage qui fait le vœu de sauver tous les êtres et d'aider ceux qui souffrent au lieu d'atteindre le nirvana.**
- **culte : hommage que l'on rend à un dieu ou à une divinité ; cérémonie religieuse par laquelle on rend cet hommage.**
- **illumination : fait d'accéder à la compréhension totale de l'âme humaine et du monde.**
- **kami : divinité du shintoïsme. Les kami sont invisibles et on ne peut pas les représenter. Le kami le plus important est la déesse du Soleil Amaterasu, dont le nom signifie « qui illumine le Ciel ».**
- **sanctuaire : édifice consacré aux cérémonies religieuses ; lieu saint.**
- **torii : grand portique qui se trouve dans l'enceinte sacrée, avant l'entrée des temples shintoïstes.**

Le shintoïsme est la religion la plus ancienne du Japon. Il associe le **culte** des ancêtres à la vénération de la nature. Ses divinités sont des esprits ou **kami**. Au VIe s., le bouddhisme se répand dans la haute société japonaise. Les empereurs continuent cependant de pratiquer les rites shintoïstes ; ils ne veulent pas heurter le peuple, resté en grande partie fidèle aux croyances traditionnelles. Au XIXe s., le shintoïsme est proclamé religion nationale. Aujourd'hui, les Japonais mêlent certaines pratiques des deux religions.

Le shintoïsme

Le mot « shinto » signifie « voie des kami ». À l'origine, les kami sont les âmes des ancêtres défunts qui se sont réfugiées dans des lieux naturels (cascades, vagues de l'océan ou cratères de volcans). Par la suite, ils ont désigné les éléments qui possèdent une force extraordinaire (le soleil, la lune, les arbres ou le vent). Ils sont bienveillants ou maléfiques. Des légendes, rédigées au VIIIe s., racontent la création du monde, et la naissance des kami et du Japon. Les kami ont des messagers : le renard est le messager d'Inari, qui protège des malheurs et apporte les richesses. Les hommes consultent les kami en toute occasion : avant un voyage ou un examen, pour guérir un malade, maudire un ennemi, éloigner un mauvais sort, avoir un enfant…

le renard, messager du kami Inari

Le culte et les sanctuaires shintoïstes

À la maison, devant le petit **autel** consacré au kami de la famille, on dépose des **amulettes**. Ce sont souvent des flèches en bois ou des bandes de papier portant le nom d'un **sanctuaire** célèbre. Le sanctuaire est la résidence des kami d'un lieu. Le fidèle qui va invoquer un esprit franchit d'abord le grand portique, le **torii**, qui marque l'entrée de l'espace sacré. Ensuite, il se purifie en se rinçant la bouche et en se lavant les mains dans un bassin ou une source naturelle située dans l'enceinte du sanctuaire. Il pénètre dans la salle de culte *(haiden)* mais ne peut accéder à la salle principale *(honden)*, car c'est la demeure du kami. Après avoir jeté une pièce dans la boîte à offrandes, il fait retentir la cloche et frappe trois fois dans ses mains pour avertir le kami de sa présence. En s'inclinant, il récite sa prière.

L'amidisme et le bouddhisme zen

Venu de Chine et de Corée, le bouddhisme s'est répandu au Japon à la fin du VIe s. et a donné lieu à différentes écoles issues du courant mahayana (Grand Véhicule). Le courant le plus populaire au Japon est l'amidisme, qui vénère le Bouddha Amida. Né en Inde, ce courant s'est répandu au Japon au Xe s. Bouddha Amida est le Bouddha de la Lumière infinie. On le célèbre en répétant des formules telles que : « Gloire au Bouddha Amida ». Venu également de Chine, le bouddhisme zen exerce lui aussi une grande influence. Il se développe à partir du XIIe s.

une purification shintoïste sous une cascade

Le bouddhisme zen vise à obtenir l'**illumination** grâce à une intense concentration et à une sévère discipline physique. Ainsi, la pratique des **arts martiaux**, la contemplation d'un jardin de sable ou la méditation pendant plusieurs heures sont des méthodes de cette religion.
L'esprit zen se manifeste à travers la cérémonie du thé ou l'art d'arranger les bouquets de fleurs, appelé « ikebana ».

Cérémonies, fêtes et pèlerinages

Bouddhisme et shintoïsme sont étroitement liés. Sous l'influence du bouddhisme, les kami deviennent les dieux protecteurs du temple, ils sont représentés sous les traits des **bodhisattvas**. Les moines bouddhistes participent aux fêtes shintoïstes. Les Japonais se marient dans les sanctuaires shintoïstes et célèbrent les funérailles dans les monastères bouddhiques.
Parce qu'ils ont fait un vœu ou pour assurer leur salut ou celui d'un mort, les Japonais accomplissent le pèlerinage aux lieux saints où résident les divinités. Ils déposent dans le sanctuaire ou devant la statue un ex-voto, où sont inscrits leur nom et leurs vœux.
Pour invoquer le kami des montagnes ou celui du village et s'attirer sa bienveillance, les Japonais organisent des fêtes comme celles du Printemps, du Nouvel An…
Celles-ci comportent souvent des spectacles de danse ou de lutte (sumo) et des concours de tir à l'arc. □

moine zen méditant devant un jardin de sable

Ex-voto dédiés à Inari

Les ex-voto sont des objets ou des bandes de papier (voir ci-dessus) que les fidèles déposent dans un sanctuaire pour remercier le dieu ou lui demander d'exaucer un vœu.

Position des mains pour la méditation zen

Cette position traditionnelle lors de la méditation s'appelle « Hakkaiyo-in », ce qui signifie l'Univers.
Elle fait partie des mudras, gestes symboliques des mains, avec positions particulières des doigts, ayant une signification religieuse et exprimant un sentiment spécifique.

les croyances

traditionnelles

80 **les religions d'Afrique**
Les dieux africains, qui peuplent toute la nature, sont décrits par des conteurs appelés « griots ». Certains aspects de ces religions doivent rester secrets et sont enseignés au cours de cérémonies particulières, les rites d'initiation.

82 **les religions d'Océanie**
Les religions d'Océanie sont fondées essentiellement sur le respect des morts et des lieux sacrés ; c'est le cas notamment en Australie, en Polynésie et en Mélanésie.

84 **les religions des Indiens d'Amérique**
Les Indiens d'Amérique du Nord et d'Amérique latine ont des croyances diverses, héritées d'un passé lointain, avant l'arrivée des Européens. Leurs pratiques religieuses ont pour but de maintenir l'harmonie entre les hommes et la nature.

Les croyances des Africains se transmettent oralement, grâce à des récits dits par des conteurs gardiens de la tradition, appelés griots. Ces récits n'ont jamais été écrits dans des livres.

Les religions africaines

- **animisme : croyance qui attribue une âme aux animaux, aux phénomènes et aux objets naturels.**
- **circoncision : opération qui consiste à couper le repli de peau qui recouvre le gland de la verge du garçon.**
- **divinité : être divin, dieu ou déesse.**
- **ethnie : groupe humain dont les membres parlent la même langue, ont la même culture, les mêmes traditions.**
- **fétiche : objet auquel on attribue des propriétés magiques, surnaturelles.**
- **griot : en Afrique noire, personne qui connaît et raconte les mythes et les histoires du temps passé.**
- **rite : ensemble des pratiques et des cérémonies religieuses que les hommes accomplissent dans le cadre d'une croyance, d'une religion.**
- **sacrifice : offrande faite à une divinité, notamment en tuant des animaux.**
- **sorcier : individu qui peut établir un contact avec les dieux et les forces de la nature. Il exerce ses pratiques magiques (envoûtement, sort…) sur les êtres humains, les animaux ou les plantes.**
- **transe : état d'exaltation de quelqu'un qui est transporté hors de lui-même et du monde réel. Cet état est atteint soit par l'absorption de certaines substances, soit par des danses.**

Les pays d'Afrique noire sont peuplés de différentes **ethnies**. Au centre et au sud de l'Afrique habitent des Bantous (60 millions environ). À l'ouest, le groupe soudanais comprend, entre autres, les Bambaras et les Dogons. Au centre de l'Afrique, des peuples vivent isolés, ce sont les Pygmées de la forêt dense et les Bochimans du désert, au nord de l'Afrique du Sud. Ces ethnies ont des croyances différentes. Pour les peuples chasseurs, il est important de rester proches de dieux-animaux, qui sont, disent-ils, leurs lointains parents, et qui leur facilitent la chasse. Les peuples de cultivateurs ont toutes sortes de dieux, qui les aident pour les semailles, la récolte, etc. Cependant, les religions africaines ont des points communs : elles sont toutes proches de la nature, dont elles expliquent les aspects mystérieux par des forces invisibles ; c'est ce que l'on nomme l'**animisme**.

Danseur bantou en costume. Le chaudron qu'il porte sur la tête symbolise un volcan.

Un dieu créateur et des divinités

La plupart des religions d'Afrique noire affirment que le monde a été créé par un dieu unique, lointain, qui se soucie assez peu des hommes ; ce dieu créateur s'appelle Amma chez les Dogons. Il est rarement représenté.

Il donne parfois naissance à un dieu ou à un héros, qui enseigne aux hommes toutes leurs techniques ; chez les Bambaras, par exemple, Faro, « dieu d'Eau », a donné la vie à la terre, il a vaincu Pemba, dieu de la Terre, et répandu la vie dans le monde. Ce dieu civilisateur est au sommet d'un ensemble de **divinités**. Souvent, les Africains considèrent que ces divinités sont des ancêtres ou des rois, devenus dieux après leur mort, qui peuplent la brousse et les forêts, où ils vivent avec toutes sortes de génies et d'esprits. Tous sont représentés par des statues et des masques. L'histoire des dieux est racontée, parfois chantée, par des poètes ambulants, les **griots**.

danse rituelle en Côte d'Ivoire

Les sacrifices aux dieux

La religion est présente à tous les moments de la vie des Africains, puisque la nature tout entière a une âme divine. Les cérémonies relient les fidèles aux divinités et aux ancêtres, qui aident les hommes dans des moments importants de leur vie : la naissance, le mariage, la mort, la moisson, le départ à la chasse.
Pendant ces cérémonies, on fait des **sacrifices**, dont les dieux et les hommes vont bénéficier : celui qui accomplit le sacrifice répand de la bouillie de mil sur le sol, ou égorge un petit animal, dont le sang nourrit le dieu. En mangeant ce qui reste de la bouillie, ou la viande de l'animal, les hommes sont revitalisés par le dieu, qui éloigne de leur vie la malchance et les maladies.

L'initiation

L'initiation est un **rite** qui sert à faire admettre un individu dans un groupe.
À la puberté, par exemple, les jeunes garçons doivent prouver qu'ils sont capables de se comporter en adultes : ils doivent subvenir à leurs besoins, seuls dans la brousse ou la forêt, et montrer qu'ils résistent à la douleur en subissant la **circoncision**.
Les secrets du groupe ne sont révélés qu'aux initiés : ils concernent les dieux, mais aussi des techniques, des savoir-faire. Ainsi, après l'initiation des adolescentes, les femmes mûres leur révèlent les secrets de la maternité.
La fin de chaque rite est marquée par de grandes fêtes, lors desquelles on utilise les statues et les masques des ancêtres pour communiquer avec eux.
Les initiations, qui déterminent la place de chacun dans la société, restent très importantes aujourd'hui.

La magie et la transe

Les Africains pensent aussi que les hommes peuvent obliger les forces de la nature à accomplir leur volonté. Il leur faut pour cela connaître des formules, ou posséder des objets qui donnent à ceux qui les utilisent des pouvoirs égaux à ceux de la divinité. Ces objets, les **fétiches**, peuvent être des statues représentant les morts, ou des statues contenant des substances mystérieuses.

griot dogon au Mali

Les masques de dieux ou d'ancêtres peuvent aussi donner, pendant un moment, des pouvoirs magiques à ceux qui les portent.
Enfin, les Africains pensent que les hommes peuvent communiquer directement avec les dieux. Ils doivent pour cela cesser d'être des êtres humains « ordinaires », pour être « entraînés hors d'eux-mêmes » par une exaltation qu'ils considèrent comme surnaturelle, la **transe**.
Lorsque la divinité prend possession de la personne qui est en transe, celle-ci devient « possédée » et a des comportements extraordinaires.
La transe peut s'emparer soit de **sorciers**, personnages dont la fonction est de s'unir avec les dieux, soit de groupes, voire de tout un village. □

Masque de danse

Les masques servent souvent à faire revivre les mythes ou les exploits des ancêtres. Ainsi, en mimant masqués une victoire du passé, certains Ivoiriens pensent protéger leur village des ennemis actuels.

Un reliquaire

Cet objet surmontait une sorte de corbeille qui contenait des fragments humains.

En Océanie, certaines populations pratiquent encore aujourd'hui les religions de leurs ancêtres, fondées essentiellement sur le respect des morts et des lieux sacrés. De nombreux récits racontent l'origine du monde.

Les religions d'Océanie

- **ethnie** : groupe humain dont les membres parlent la même langue, ont la même culture, les mêmes traditions.
- **mana** : chez les Mélanésiens, force surnaturelle, invisible, source d'énergie cachée. Elle donne de la puissance à certains objets, à des totems.
- **mythe** : récit fabuleux qui cherche à expliquer l'origine du monde et de l'homme.
- **rite** : ensemble des pratiques et des cérémonies religieuses que les hommes accomplissent dans le cadre d'une croyance, d'une religion.
- **sorcier** : individu qui peut établir un contact avec les dieux et les forces de la nature. Il exerce ses pratiques magiques (envoûtement, sort...) sur les êtres humains, les animaux ou les plantes.
- **tabou** (du polynésien « tapu », interdit, sacré) : caractère d'un objet, d'une personne, d'un acte ou d'un lieu considérés comme interdits ou dangereux.
- **tiki** : statue ou objet sculpté qui représente parfois les ancêtres.
- **totem** : animal ou plante qu'une tribu ou un clan considèrent comme leur ancêtre ou leur protecteur ; représentation, souvent en forme de poteau, de cet ancêtre.

python sacré peint sur une écorce d'eucalyptus par les Aborigènes d'Australie

L'Océanie, cinquième « continent » de la Terre, est la région la moins peuplée du monde. Située au sud de l'océan Pacifique, elle est formée d'une île immense, l'Australie, et de plusieurs archipels, ensembles d'îles différentes les unes des autres, constituant notamment la Polynésie et la Mélanésie.

Les Aborigènes d'Australie

L'Australie est presque un continent (quatorze fois la surface de la France). Ceux qui habitaient là avant l'arrivée des Européens, les Aborigènes, vivent encore en partie de chasse, de pêche et de cueillette. Malgré des variantes qui dépendent des conditions naturelles de vie, les croyances des différentes **ethnies**, transmises oralement, ont de nombreux points communs.

Le temps du Rêve, Alcheringa, est le commencement des Temps, le temps de la Création, qui a vu naître les grandes divinités et les héros des **mythes**. Ceux-ci, hommes ou femmes, ont façonné de leurs mains le paysage de l'Australie et donné naissance à l'espèce humaine. Puis, fatigués, ils ont disparu. Certains dieux sont retournés dans leur ciel, que l'homme ne peut atteindre, d'autres habitent toujours certains endroits de la Terre, qui restent sacrés. Ces lieux sacrés sont interdits, ils sont **tabous**. Le plus important d'entre eux est le mont Ayers Rock, demeure des ancêtres défunts.

Enfin, chaque homme, chaque femme est relié à un dieu ou à un ancêtre par un emblème animal, le **totem**.

Les Aborigènes d'Australie croient qu'au temps du Rêve, les dieux ont enseigné aux hommes les **rites** qui leur permettent de revivre aujourd'hui cette période extraordinaire, et de renforcer ainsi leur

un habitant de Papouasie paré pour une cérémonie

énergie vitale. En vivant à nouveau le temps du Rêve, les hommes entrent en contact avec les dieux créateurs et les ancêtres qui occupent les lieux et les objets tabous : objets de paille, statuettes, piliers. Les rites, réservés à des groupes particuliers, comportent des chants, des danses, et l'utilisation d'objets sacrés. Ceux qui concernent les hommes sont tabous pour les femmes et vice versa. Les **sorciers** aborigènes se servent de pratiques magiques qui aident les hommes dans les moments importants de leur vie : naissance, puberté, mort.

un tiki féminin

La Polynésie

La Polynésie comprend Hawaii, l'île de Pâques, la Nouvelle-Zélande, Tahiti... Cet ensemble d'îles est peuplé, d'environ 500 000 habitants, arrivés là depuis moins de 10 000 ans. Les Polynésiens croient tous en un dieu suprême, qu'ils appellent Tangaroa, Tangaola ou Taaroa qui a créé le monde. Les récits de la création sont différents selon les régions : on raconte ici qu'il a pêché les îles dans la mer, ailleurs qu'il les a créées à partir d'un coquillage... Il a aussi créé les autres dieux, par exemple Tane, dieu de la Lumière et de la Construction des pirogues, et Rongo, dieu de la Paix, de la Poésie et de l'Agriculture. Les ancêtres sont très importants : les Maoris de Nouvelle-Zélande affirment venir du même Waka, la pirogue d'origine qui amena les premiers hommes. Le monde des vivants est toujours en contact avec les morts. On considère que ceux-ci exercent leur pouvoir à tous les moments de l'existence, et peuvent être amicaux ou hostiles, selon qu'ils sont satisfaits ou furieux. On fête les morts, représentés par des peintures, des masques, des parures de coquillages. Des prêtres sont chargés de veiller au bon déroulement des rites et au respect des tabous.
Les lieux de culte sont très divers : maison des Hommes réservée à certains rites, maison des Ancêtres avec, parfois, leurs **tikis**, maison des Pirogues, lieux tabous dans la nature.

La Mélanésie

La Mélanésie est l'ensemble le plus vaste de l'Océanie (4 millions d'habitants). Elle comprend notamment les îles Fidji, Vanuatu, la Nouvelle-Calédonie, la Papouasie-Nouvelle-Guinée.
En Mélanésie, les dieux créateurs, qui ne se soucient guère de ce qu'ils ont créé, sont peu importants. Le culte concerne les héros, qui ont apporté aux hommes les arts et les techniques. Ce sont souvent deux frères qui ne s'entendent pas et fondent des clans rivaux, des dieux jumeaux et opposés : chaud et froid, masculin et féminin, sec et humide. Des cultes sont également rendus aux esprits qui peuvent apparaître sous forme humaine ou animale.
Les fêtes des Mélanésiens ont pour fonction de renforcer leur énergie vitale, ou **mana**. □

Les statues de l'île de Pâques

Les habitants de l'île de Pâques (Rapa Nui en polynésien) ont taillé depuis le IXe siècle les parois du volcan Rano-Raraku pour sculpter des centaines de *moai*, statues de 2 à 10 mètres de haut, lourdes de 80 tonnes, qui sont des sortes de tikis. Ces statues sont isolées ou groupées sur les *ahu*, enceintes sacrées qui font fonction de temple.

Les croyances des divers peuples indiens qui vivent aujourd'hui en Amérique du Nord et du Sud sont très proches de la nature, et leurs rites visent à maintenir des rapports harmonieux avec les esprits qui l'habitent.

Les religions des Indiens

- amulette : objet qui est censé protéger du mal celui qui le porte.
- chaman : individu qui communique avec les esprits, les divinités, en pratiquant la transe, la divination. Ses pouvoirs magiques lui permettent aussi de guérir les malades.
- initiation : cérémonie, comportant parfois des épreuves, qui marque l'entrée d'un individu dans un groupe.
- jeûne : fait de ne pas manger, pour des raisons religieuses.
- mythe : récit fabuleux qui cherche à expliquer l'origine du monde et de l'homme.
- pèlerinage : voyage que les croyants effectuent dans un lieu saint pour des raisons religieuses.
- sacrifice : offrande faite à une divinité, notamment en tuant des animaux.
- totem : animal ou plante qu'une tribu ou un clan considèrent comme leur ancêtre et leur protecteur ; représentation, souvent en forme de poteau, de cet ancêtre.
- transe : état d'exaltation de quelqu'un qui est transporté hors de lui-même et du monde réel. Cet état est atteint soit par l'absorption de certaines substances, soit par des danses.

Les croyances des Indiens d'Amérique (ou Amérindiens) sont liées à leurs lieux et à leurs modes de vie. Dans les plaines d'Amérique du Nord et dans la forêt amazonienne, ces peuples sont restés semi-nomades, chasseurs et pêcheurs, parfois agriculteurs, alors qu'en Amérique centrale et sur les hauts plateaux des Andes ce sont des agriculteurs sédentaires. La religion de leurs ancêtres a été, pour les Indiens, un moyen d'affirmer et de préserver leurs traditions face à l'arrivée des Européens, au XVIe siècle.

chaman navajo effectuant une peinture sur sable

Les divinités des Indiens d'Amérique du Nord

Les diverses religions des Indiens d'Amérique du Nord admettent un dieu supérieur, le Ciel, appelé Tchementu (Grand Esprit) chez les Naskapis du Canada, Nesulk (Il-nous-crée) chez les Micmacs de Terre-Neuve, ou Wakan Tanka (le Grand Mystérieux) chez les Sioux des plaines. Le Grand Esprit est étroitement lié au Soleil, et il peut, dans sa colère, provoquer l'orage, en lançant des éclairs par les yeux. Les Indiens sont aussi très attachés à la Terre-mère nourricière, dont ils sont issus et qui conserve les os de leurs ancêtres, devenus poussière. Cet attachement à la terre est très fort : pour les Indiens, l'individu n'est rien s'il ne vit pas sur sa terre, en harmonie avec les cycles de son univers.

le village de Mesa Verde, à la fois forteresse et sanctuaire des Indiens du Colorado (États-Unis)

totem des Indiens Kwakiutls (Canada)

d'Amérique

C'est pourquoi ces peuples se sentent très proches des animaux qu'ils chassent, auxquels ils sont unis par des liens étroits, les **totems**, qui sont en général des représentations magiques de ces animaux. L'animal considéré comme le plus proche est l'ours, qui mange de tout et est capable de marcher sur ses pattes de derrière. Les Indiens l'appellent « cousin » et lui offrent du tabac. Il fait le lien entre l'homme et la nature sauvage.
Les Navajos vénèrent la Grand-Mère Araignée, mère du monde, qui a façonné l'homme et la femme avec un peu d'argile. D'autres animaux sont au contraire des sortes de démons, les Tricksters (tricheurs). Parmi eux, le coyote, sorte de dieu sorcier, peut causer des ravages ou les réparer, susciter des maladies graves ou les guérir.

Des dieux toujours présents

Les **mythes** racontent comment les dieux ont appris aux hommes la chasse, le tissage, l'art de fabriquer des paniers ou des poteries, de cultiver du maïs, de construire des maisons, etc. La plupart des actes de la vie quotidienne sont donc religieux : puisque toutes ces techniques ont été apportées par les dieux, les hommes ont besoin de l'aide divine pour les pratiquer. Lorsque les Navajos construisent le hogan, leur maison d'habitation, ils veillent à l'orienter de façon à ne pas déranger les esprits.
Les différents peuples ne voient pas la mort de la même façon : les Indiens du Nord l'envisagent comme un phénomène naturel, alors que les Indiens Pueblos du sud des États-Unis ont peur des esprits des défunts et doivent rétablir l'harmonie que ceux-ci risquent de briser. Chez les Navajos, un hogan qui a contenu un cadavre doit être abandonné.

Les rites et les pratiques

Le mal et la souffrance viennent de ce que l'harmonie entre l'homme et la nature a été détruite, il faut donc la rétablir, la consolider par des rites destinés à favoriser la rencontre entre l'homme et le divin. Ainsi, la danse de la pluie permet à l'homme de s'unir avec les esprits capables de faire cesser la sécheresse. Chez les Navajos, les esprits sont présents dans la vie de chaque jour, et les enfants reçoivent des kachinas, sortes de poupées où habite un esprit qui peut les protéger. Lors des rites d'**initiation**, les jeunes gens subissent des épreuves qui les font souffrir, destinées à prouver leur courage et leur virilité. Ils reçoivent ensuite un petit sac de cuir qui contient des remèdes et des **amulettes** pour éloigner le malheur. Partout, les sorciers, appelés **chamans**, se disent capables de guérir les maladies les plus graves, en chassant les mauvais esprits.
Pour entrer en contact avec le monde sacré, les Navajos célèbrent des « voies ». Ce sont des rituels comportant des chants, des paroles et des peintures sur sable. □

L'esprit qui habite la poupée kachina protège l'enfant qui la possède.

Les croyances des Inuit

Les hommes qui se nomment eux-mêmes « Inuit », « êtres humains », ont longtemps été appelés « Esquimaux ». Pour les Inuit, la nature est peuplée d'une foule d'esprits, les Inuat, plus ou moins puissants. Aninga, esprit masculin de la Lune, surveille la terre depuis un trou pratiqué dans le sol de sa maison. Dans la mer, la « Vieille de la Mer », maîtresse des animaux, provoque le succès ou l'échec de la chasse par ses caprices. Sila, le Grand Esprit, est aussi maître des vents. Vivant dans un univers glacé et hostile, les Inuit prennent bien soin de ne pas contrarier les Inuat, qui, seuls, peuvent leur accorder bonne chasse et bonne pêche.
Le personnage ci-dessus, qui représente peut-être un esprit, est à la fois homme, femme et ours.

procession lors de la fête de la Pachamama

Les religions d'Amérique latine

Scène de volador

La cérémonie du volador, effectuée près de Mexico, remonterait à une pratique aztèque. Cinq hommes grimpent sur un poteau. L'un reste au sommet, « comme le soleil », jouant de la musique. Les autres attachent des cordes à leurs pieds et se laissent tomber la tête la première, faisant treize fois le tour du poteau.

En Amérique latine, les Indiens sont toujours fidèles à certains rites hérités du temps où existait l'Empire inca, avant qu'il ne soit détruit par les Européens au cours du XVIe s. Les religions traditionnelles se sont souvent étroitement mêlées au christianisme, tout en conservant leurs particularités, notamment le rôle important accordé à la nature.

Les Indiens des hauts plateaux

Dans la cordillère des Andes, les fêtes et les croyances des Indiens Quechuas et Aymaras du Pérou, de Bolivie et de l'Équateur sont marquées par le culte de l'Inca (voir p. 29). Ainsi, dans la région d'Ayacucho, des paysans affirment que le corps écartelé de l'Inca est en train de se reconstituer, et qu'un jour celui-ci reviendra chasser les envahisseurs. De nombreux Indiens convertis au christianisme ont intégré à cette religion des éléments de leurs anciennes croyances. Ainsi, ils demeurent persuadés qu'au cours de l'histoire du monde se sont succédé plusieurs humanités, détruites l'une après l'autre par le feu, le déluge ou un tremblement de terre. Dans certaines régions, les Indiens expliquent que Dieu le Père et Adaneva (Adam et Ève, dont ils n'ont fait qu'une personne) sont à l'origine des premiers hommes. Adaneva eut de la Vierge Marie un enfant, Père Manuel, ou Teete Manuco, qui créa à son tour une nouvelle humanité, et monta au ciel, où il vit toujours. Il meurt tous les ans, le Vendredi saint, mais ressuscite chaque fois.

procession au Pérou, en l'honneur de Manco Cápac, fondateur légendaire de l'Empire inca

danse traditionnelle des Indiens Kamayuras (Brésil)

Pour ces peuples qui vivent difficilement en cultivant la terre sur des terrasses étagées à flanc de montagne, la terre nourricière est très importante. Ils adorent toujours une divinité plus ancienne encore que l'Empire inca, la Pachamama. C'est la Terre-mère, qui leur donne de quoi vivre et recueille en son sein les morts. Elle est la divinité principale d'un ensemble de dieux de la Nature et des Sources.

Les pèlerinages et les sacrifices

En rendant un culte à la Pachamama, en de gigantesques **pèlerinages**, les Indiens des Andes confondent la Terre-mère avec la Vierge Marie.
Ils organisent aussi en l'honneur des dieux des combats qui peuvent provoquer la mort, devenant de véritables **sacrifices** destinés à faire couler le sang pour nourrir la divinité.
Lorsqu'un nouveau champ est mis en culture, il est courant d'y enterrer un petit animal égorgé, dont le sang nourrit la Pachamama.
Les Indiens des hauts plateaux croient aux esprits et célèbrent des fêtes païennes en l'honneur des défunts le 2 novembre, jour de la fête des Morts dans le calendrier chrétien.

Les Indiens d'Amazonie

Dans la forêt équatoriale vivent environ un million et demi d'Indiens divisés en plusieurs centaines de tribus. Vivant aujourd'hui encore de chasse et de cueillette, ils pratiquent toujours leur religion traditionnelle, qui comporte des rites d'**initiation**.
Pour expliquer le monde, ils se transmettent oralement de nombreux **mythes**.
Certains Indiens, comme les Tupis-Guaranis, pensent que des êtres surnaturels ont créé le monde, que plusieurs humanités se sont succédé, et qu'un héros civilisateur leur a apporté la technique, avant de se retirer.
Ils pensent que ce héros séjourne dans « la Terre sans mal », assez semblable au paradis terrestre de la Bible. Dans cette terre des Ancêtres, le maïs pousse tout seul, et la mort est inconnue. Pour entrevoir la route de la Terre sans mal, les chamans entrent en **transe**. Ils pratiquent le **jeûne**. Ces coutumes ont remplacé les banquets au cours desquels les guerriers mangeaient certaines parties du corps de leurs ennemis pour prendre leurs pouvoirs. Les chamans sont aussi capables d'interpréter les présages, signes qui annoncent la volonté des dieux. □

Pour les Indiens des forêts équatoriales, la danse a une fonction religieuse.

Bain de boue vaudou

Le vaudou est une religion pratiquée en Haïti. Il est né d'un mélange entre des pratiques et des croyances africaines et le christianisme auquel ont été convertis de nombreux Noirs africains emmenés comme esclaves en Amérique du XVIe au XIXe s. Dans cette île, les paysans pratiquent le vaudou, qui a ses temples, les *houmfos*, ses prêtres, les *hougans*, et ses prêtresses, les *mambos*. Les divinités principales sont les *loas*, mélanges de saints chrétiens et de dieux d'Afrique. Le diable aux yeux rouges, très puissant, veut le malheur des hommes. Au cours de cérémonies, après le sacrifice d'un poulet ou d'un bœuf, les loas s'emparent des fidèles qui entrent en transe. Les zombies, sortes de morts vivants, peuvent aussi servir de lien entre le monde des hommes et celui des divinités.

OCÉAN ARCTIQU
CANADA
ÉTATS-UNIS
MEXIQUE
OCÉAN
ATLANTIQUE
OCÉAN
PACIFIQUE
BRÉSIL
URUGUAY
ARGENTINE
ROYAUME-UNI
Rome
Jérusalem
MAROC
ALGÉRIE
LIBYE
ÉGYPTE
SOUDAN
GHANA
NIGERIA
AFRIQUE DU SUD
Religion dominante
2e religion importante
catholicisme
protestantisme
orthodoxie
christianisme éthiopien
islam
hindouisme
bouddhisme
croyances traditionnelles
judaïsme
communauté juive importante dans le pays
zones peu habitées

La carte des religions

Cette carte montre la répartition actuelle des religions dans le monde. Pour chaque grande zone géographique, seules sont indiquées la religion dominante et la deuxième religion importante. Cependant, dans chacune de ces zones, d'autres religions, qui ne sont pas représentées ici, peuvent être pratiquées par des communautés plus ou moins nombreuses.

Par ailleurs, la carte a été établie en fonction du nombre de personnes qui déclarent appartenir à une religion, même si elles ne la pratiquent pas régulièrement : ainsi, 85 % des Français se disent catholiques, le catholicisme est donc la religion dominante en France, mais seuls 10% pratiquent réellement leur religion. Enfin, il est souvent difficile d'évaluer le nombre de personnes fidèles à des croyances traditionnelles ; celles-ci sont donc peu représentées sur cette carte, bien qu'elles restent importantes en Afrique, en Amérique latine et en Océanie.

Le saviez-vous ?

- **XVIIIe-VIe s. av. J.-C. : rédaction des Veda (hindouisme).**
- **XIIIe-IIIe s. av. J.-C. : rédaction de la Bible.**
- **VIe s. av. J.-C. : naissance du confucianisme et du taoïsme.**
- **Ve s. av. J.-C. : le bouddhisme naît en Inde.**
- **Ier s. apr. J.-C. : naissance du christianisme.**
- **VIIe s. apr. J.-C. : naissance de l'islam.**
- **XIe s. apr. J.-C. : séparation de l'Église d'Orient et de l'Église d'Occident.**
- **XVIe s. apr. J.-C. : naissance du protestantisme en Europe.**

Quelle est l'origine du mot « religion » ?

Les spécialistes ne sont pas d'accord à ce sujet. Selon certains, le mot vient du verbe *relegere,* qui veut dire « rassembler scrupuleusement », car ceux qui se préoccupent du culte des dieux le font avec beaucoup de précautions. Pour d'autres, le mot vient plutôt de *religare,* « relier », car la religion est ce qui unit l'homme au surnaturel. En fait, pendant l'Antiquité, il n'y avait pas de mot spécifique pour désigner la religion, qui faisait partie de tous les actes de la vie quotidienne.

Qu'est-ce que l'intégrisme ?

On appelle « intégristes » les fidèles qui veulent pratiquer la totalité des règles et des rites d'une religion, en retrouvant les pratiques des origines, sans prendre en compte ce qui a pu évoluer au cours du temps. Depuis le début du XXe s., un courant intégriste qui s'oppose à toute modernisation est né au sein de l'Église catholique. Dans le monde musulman, les mouvements intégristes souhaitent que les prescriptions du Coran et de la tradition, même les plus sévères, soient réellement appliquées à toute la société.

Jésus-Christ est-il un personnage important pour les musulmans ?

Oui : Jésus est mentionné trente-cinq fois dans le Coran, livre sacré des musulmans. Il est parfois appelé *Iesa Ibn Maryam,* « Jésus fils de Marie », parfois même le « Messie ». Comme les chrétiens, les musulmans pensent que Jésus a été envoyé par Dieu, mais ils ne le considèrent pas comme « le fils de Dieu » et ne tiennent pas compte de son appel à changer le monde. Selon le Coran, Jésus est simplement un prophète, qui a annoncé la venue de Mahomet, et Mariam, sa mère, la Vierge Marie des chrétiens, une sainte femme.

Y a-t-il des points communs entre les croyances gréco-romaines et l'hindouisme ?

Les Indiens, les Grecs et les Romains, comme d'ailleurs les Iraniens et les peuples germaniques, font partie des Indo-Européens. Leurs langues ont une origine commune, le sanskrit, et leurs croyances sont fondées sur trois dieux principaux, un créateur (Zeus, Jupiter, Brahma...), un guerrier et un civilisateur-cultivateur. Ces catégories se retrouvent dans les sociétés anciennes, divisées entre ceux qui prient (les prêtres), ceux qui combattent (les guerriers) et ceux qui travaillent (les artisans et les paysans).

Le pape est-il un chef d'État ?

Oui, il règne sur la cité du Vatican, l'un des plus petits États du monde. Jusqu'au XIXe s., le pape détenait deux pouvoirs : un pouvoir spirituel, d'ordre religieux, et un pouvoir temporel, « dans le temps », d'ordre matériel. Les États du pape, plus ou moins étendus selon les époques, comprenaient la ville de Rome et les régions voisines. En 1870, le roi d'Italie (Victor-Emmanuel II) a fait de Rome sa capitale, et le pape a donc perdu son pouvoir temporel. Mais, depuis 1929, un accord a été conclu avec l'État italien qui reconnaît au pape un État indépendant au centre de Rome, avec sa justice, sa police, sa presse, sa poste et ses ambassadeurs. Néanmoins, l'autorité du pape est avant tout spirituelle et morale.

Pourquoi le serpent joue-t-il un rôle dans plusieurs religions, pourtant très différentes ?

Le serpent, dont le venin peut être mortel, est capable de se déplacer sans bras ni jambes, de ramper au ras du sol, mais aussi de grimper dans les arbres ou de nager. De nombreuses religions ont vu en lui un être rusé, sorte de trait d'union entre les puissances de la terre nourricière et celles du ciel où brille le soleil, lui aussi source de vie. Effrayant, le serpent peut symboliser le mal, comme dans l'histoire d'Adam et Ève et chez les Mésopotamiens, où il est vaincu par le dieu Mardouk. Il peut aussi être bénéfique, utile aux hommes, comme le serpent enroulé autour du caducée (baguette de laurier ou d'olivier) d'Asclépios, dieu grec guérisseur.

Dans quel pays les musulmans sont-ils le plus nombreux ?

Contrairement à ce que l'on imagine souvent, tous les musulmans ne sont pas arabes et tous les Arabes ne sont pas musulmans. Les musulmans sont au total environ 1 milliard, et, parmi eux, il n'y a que 200 millions d'Arabes. D'autre part, 10 millions d'Arabes sont chrétiens. En Indonésie, archipel peuplé de 180 millions d'habitants, il y a 43 % de musulmans ; le Pakistan (98 millions d'habitants) ou le Bangladesh (100 millions d'habitants) comptent 90 % de musulmans environ.

Qui est « saint » ?

À l'origine, ce mot signifie simplement « vénéré ».
Les premiers chrétiens ont pris l'habitude de l'accoler au nom de ceux qui, parmi eux, avaient eu une vie particulièrement conforme aux enseignements de l'Évangile. Les catholiques pensent que les saints peuvent intervenir auprès de Dieu, et célèbrent des cérémonies en leur honneur. La plus grande partie des protestants refuse le culte des saints, et surtout le fait de les représenter par des statues ou des tableaux. Le mot « saint » désigne aussi des personnes au comportement exemplaire comme les marabouts musulmans, saints ermites dont le tombeau est le but de pèlerinages.

Qu'est-ce que le mysticisme ?

Dans toutes les religions, des hommes et des femmes « assoiffés de Dieu » tentent de se rapprocher du surnaturel. Ils y parviennent notamment grâce à la prière et à la méditation. Cela leur permet d'accéder à un état particulier au cours duquel se produisent parfois des phénomènes dits « anormaux » comme la lévitation (élévation dans les airs) ou des visions.

Qu'est-ce que le culte du Cargo ?

Depuis la fin du XIXe s., dans certaines îles de la Mélanésie, on pratique le culte Kago, mot qui vient de « cargo », navire marchand. Aux îles Salomon, en Nouvelle-Guinée, en Papouasie, les fidèles de ce culte attendent un bateau extraordinaire qui, d'après les prophètes, ramènera les ancêtres avec des outils et des semences, grâce auxquels les jardins produiront tout le nécessaire, sans que les hommes aient à travailler. Ce cargo fabuleux remmènera tous les Blancs chez eux. Certains spécialistes estiment que ces croyances remontent à l'époque où les Mélanésiens ont vu arriver sur des bateaux des Blancs, qui ont conquis leur territoire par la violence.

Quelle est la différence entre israélite et israélien ?

On appelle israélites les enfants d'Israël, autre nom de Jacob, fils d'Isaac et petit-fils d'Abraham. C'est un des noms du peuple juif, autrefois appelé « hébreu ». Les Israéliens sont les habitants de l'État d'Israël, créé en 1948. Les Juifs qui n'habitent pas Israël sont israélites, mais ne sont pas israéliens.

Qu'est-ce que le kathakali ?

Le kathakali est une forme de théâtre répandue en Inde. Les représentations racontent des histoires extraites des grandes épopées indiennes : le Ramayana et le Mahabharata. Les acteurs sont uniquement des hommes, portant des costumes décorés de couleurs extrêmement vives. Leur visage est maquillé de façon à ressembler à un masque. Leurs expressions et leurs gestes ont été fixés par des règles très anciennes.

En quoi certaines expressions sont-elles liées à la religion ?

Il existe un certain nombre d'expressions dont on peut retrouver l'origine dans la Bible ou dans la mythologie gréco-romaine : ainsi, « être en costume d'Adam (ou Ève) » signifie « être nu » ; une « arche de Noé » est un lieu où se trouvent beaucoup d'animaux ; un « véritable éden » est un endroit paradisiaque, le mot Éden désignant, d'après la Bible, l'endroit où se trouvait le paradis terrestre ; on peut dire d'une femme qu'elle est « belle comme Vénus », déesse romaine de l'Amour ; un « apollon » est un homme très beau, Apollon étant le dieu grec et romain du Soleil et des Arts, le plus beau des dieux ; un homme peut être « fort comme Hercule », héros grec qui accomplit douze travaux réputés impossibles à réaliser si l'on ne possédait pas une force surhumaine.

Zeus

Cernunnos

Ganesha

Déméter

Les dieux

◑ Mésopotamie

Adad : dieu de la Tempête et de l'Orage, symbolisé par la foudre.

An (ou Anu) : créateur de l'Univers, père des dieux et dieu du Ciel. Il est symbolisé par une coiffe à cornes.

Enki ou Ea : dieu des Eaux, de la Sagesse et de la Magie, symbolisé par un poisson.

Enlil : fils de An et seigneur de l'Univers. Il est symbolisé par une coiffe à cornes.

Inanna-Ishtar : déesse de la Fécondité, de l'Amour et de la Guerre, symbolisée par une étoile.

Mardouk : considéré à partir du IIe millénaire av. J.-C. comme le père des dieux.

Ninurta : dieu de la Guerre, de la Chasse et des Ouragans, représenté par un sceptre orné de deux têtes de lion.

Shamash : dieu du Soleil et de la Justice, symbolisé par le disque solaire.

Sin : dieu de la Lune, symbolisé par un croissant.

◑ Égypte

Dans les villes d'Égypte, on adorait des dieux de nom et d'aspect différents, mais dont les fonctions étaient comparables.

Amon : dieu du Soleil bienfaisant, le plus important des dieux. Honoré dans la ville de Thèbes, où il est représenté avec une tête de bélier, ou comme un homme, la tête couverte d'une coiffe à plumes.

Anubis : dieu des Embaumeurs, représenté avec une tête de chacal.

Apis : dieu de Memphis, associé à Ptah pour un culte de la Fécondité, représenté par un taureau blanc taché de noir.

Bès : dieu très laid, mais bienfaisant, représenté comme un gnome grimaçant.

Hathor : déesse de la Joie et de l'Amour, représentée parfois comme une vache.

Horus : fils d'Isis et d'Osiris, dieu protecteur de l'Égypte, représenté avec une tête de faucon.

Isis : déesse de la Magie et de la Vie, femme et sœur d'Osiris, représentée comme une femme.

Maât : déesse de la Justice, représentée comme une femme avec une plume d'autruche.

Osiris : dieu de la Mort et de la Végétation, qui porte la coiffe blanche des pharaons. Il est souvent de couleur verdâtre, car il n'est pas tout à fait vivant.

Rê : dieu du Soleil, finalement confondu avec Amon, représenté comme un homme ou comme un faucon.

Seth : frère d'Osiris, dieu malfaisant, seigneur du désert, parfois représenté avec un corps de lévrier, une queue fourchue et un museau allongé.

Thot : dieu des Chiffres, inventeur de l'écriture, représenté comme un homme à tête d'ibis ou comme un babouin.

◑ Grèce

Cette liste ne comprend que les principaux dieux grecs. Ils ont par la suite été adoptés par les Romains, qui leur ont donné des noms différents.

Aphrodite (**Vénus** à Rome) : déesse de l'Amour et du Plaisir, représentée comme une belle jeune femme, accompagnée de son fils Éros, l'Amour, enfant armé d'un arc.

Apollon (**Apollon** à Rome) : fils de Zeus, dieu du Soleil et des Arts, souvent représenté comme un beau jeune homme, une lyre à la main ou conduisant le char du Soleil.

Arès (**Mars** à Rome) : fils de Zeus et d'Héra, dieu de la Guerre, coléreux, souvent représenté sous l'aspect d'un guerrier.

Artémis (**Diane** à Rome) : sœur d'Apollon, déesse de la Lune, de la Chasse et protectrice des jeunes filles, représentée en chasseresse, avec un croissant de lune dans les cheveux.

Asclépios (**Esculape** à Rome) : fils d'Apollon, vénéré surtout à Épidaure, dieu guérisseur. Il porte le caducée, bâton autour duquel s'enroule un serpent.

Athéna (**Minerve** à Rome) : déesse de la Sagesse, des Arts et des Sciences, protectrice d'Athènes, sortie tout armée de la tête de Zeus. Elle est représentée casquée, couverte de l'égide (cuirasse) ; son emblème est la chouette.

Chronos (**Saturne** à Rome) : dieu du Temps et de la Destinée, père de Zeus.

Déméter (**Cérès** à Rome) : sœur de Zeus, déesse de la Terre nourricière et des Moissons, souvent représentée couronnée d'épis. Pendant six mois de l'année, elle ne peut voir sa fille Coré, enlevée par Hadès. Coré règne aux Enfers sous le nom de Perséphone (Proserpine à Rome) ; elle sort des Enfers seulement au printemps et à l'automne, saison des semailles.

Dionysos (**Bacchus** à Rome) : dieu de la Végétation, du Vin et de l'Ivresse, représenté couronné de pampre et de grappes de raisin.

Hadès (**Pluton** à Rome) : dieu des Enfers et de la Mort, frère de Zeus, rarement représenté car il fait peur.

Héphaïstos (**Vulcain** à Rome) : dieu des Artisans et surtout des Forgerons, grossier, boiteux et très laid, mari jaloux d'Aphrodite.

Héra (**Junon** à Rome) : femme et sœur de Zeus, protectrice du mariage.

Rê

Vishnou

Inanna-Ishtar

Kali

Hermès (**Mercure** à Rome) : dieu de la Ruse, des Voyageurs et du Commerce, fils de Zeus. Messager des dieux, il porte un pétase, chapeau rond orné de plumes, et des sandales ailées.

Hestia (**Vesta** à Rome) : déesse du Foyer, sœur de Zeus, elle protège les maisons.

Poséidon (**Neptune** à Rome) : frère de Zeus, dieu de l'Océan, souvent représenté avec un trident à la main.

Zeus (**Jupiter** à Rome) : maître des dieux, dieu du Ciel et des Orages, souvent représenté barbu, tenant la Foudre.

◑ Rome

Très tôt, les Romains ont adopté les dieux grecs, en leur accordant parfois des pouvoirs ou des attributs différents. Ils ont cependant continué à rendre un culte à certains dieux romains très anciens.

Janus : ancien dieu romain, il est le dieu des Commencements et des Fins. Il a deux visages.

Junon : déesse de l'Enfantement, protectrice de chaque femme (Héra chez les Grecs).

Jupiter : en plus des fonctions de Zeus, protecteur de la ville de Rome.

Mars : dieu de la Guerre, plus important que Arès en Grèce, il peut aussi jouer un rôle pour l'agriculture. Il est marié à Bellone, déesse de la Guerre.

Saturne : dieu des Vignerons et des Paysans. Cet ancien dieu romain a été identifié à Cronos. Il est représenté comme un vieillard, nu ou vêtu d'un ample manteau.

Vesta : beaucoup plus importante que Hestia en Grèce ; c'est la plus belle et la plus respectée des déesses romaines. Elle est symbolisée par une flamme pure.

◑ Régions celtes

Les dieux sont à peu près les mêmes chez les Celtes de Grande-Bretagne, d'Irlande ou de Gaule, mais avec des noms différents. À l'époque gallo-romaine, ils se sont confondus avec des dieux romains.

Belenos (Gaule) : dieu de la Lumière.

Borvo (Gaule) : dieu guérisseur, assimilé à Apollon.

Cernunnos (Gaule) : dieu aux bois de cerf, maître des animaux.

Épona (Gaule) ou **Brigitte** (Irlande) : la « brillante », fille de Dagda et mère des autres dieux ; déesse cavalière de la Guerre et de la Sagesse.

Ésus : dieu guerrier, le plus grand des dieux, inventeur de tous les arts. Il a été assimilé à Mercure.

Lug : dieu suprême, dieu des Arts et des Techniques.

Ogmios (Gaule), **Ogme** ou **Elcmar** (Irlande) : dieu de l'Habileté et de l'Éloquence.

Taranis (Gaule) ou **Dagda** (Irlande) : dieu de la Lumière, de l'Air, de la Vie et de la Mort. Assimilé à Jupiter, il porte une massue, symbole de pouvoir, un chaudron, symbole d'abondance, et une roue, qui représente l'Univers.

Teutatès (ou **Toutatis**) : dieu des Tribus et dieu de la Guerre. Il sera assimilé au dieu Mars.

◑ Inde

Depuis le IIe millénaire av. J.-C., l'hindouisme a évolué : les fidèles croient toujours en des dieux très anciens (Indra, Agni, Brahma...), mais ils leur préfèrent d'autres dieux, plus populaires (Shiva, Vishnou...).

Agni : très ancien dieu du Feu, du Travail, de la Fécondité.

Brahma : dieu créateur, souvent représenté de couleur rose, avec quatre visages et quatre bras, monté sur un canard sauvage ou sur un cygne.

Ganesha : fils de Shiva, dieu des Arts, des Sciences et des Métiers. Il a une tête d'éléphant, un corps obèse, et est monté sur un rat.

Indra : dieu de l'Énergie créatrice, de la Guerre et de la Victoire. Il est monté sur un éléphant et armé de la Foudre. Il sera confondu avec Vishnou.

Kali : « la Noire », épouse de Shiva. Autre nom de la déesse Parvati (« la Montagnarde »), déesse de la Guerre aux dix bras.

Krishna : réincarnation bénéfique de Vishnou, dieu qui délivre des tyrans. Il est représenté enfant, dansant sur le serpent qu'il a dompté. Au XXe s., il est l'objet d'un culte important, parfois associé à son épouse Rada.

Laksmi : la « Splendeur », épouse de Vishnou.

Mitra-Varuna : couple du Jour et de la Nuit, qui fait partie des plus anciennes divinités.

Shiva : bienfaisant et destructeur à la fois, représenté en dieu de la Danse, un collier de têtes de morts autour du cou ; il a trois yeux, quatre bras, et sa couleur est souvent bleu foncé. Il est monté sur un taureau blanc ou sur un aigle.

Surya : très ancien dieu du Soleil, appelé aussi Prajapati, maître de la descendance et des créatures, souvent représenté comme un homme rouge foncé, avec trois yeux, quatre bras, assis sur un lotus. Il sera ensuite confondu avec Brahma.

Vishnou : « le Pénétrant », dieu bénéfique, créateur et sauveur. Il s'est réincarné plus de dix fois pour aider les hommes. Parfois représenté de couleur bleu foncé, il est monté sur un éléphant blanc ou sur un aigle.

Index

Les chiffres en gras indiquent que le mot est défini dans le mini-dictionnaire.
Les chiffres en maigre renvoient aux pages où le sujet est le plus largement développé, et les chiffres en italique aux illustrations.

A

Ablutions *57*, **62**
Abraham *32*, 33, 34
Acropole **20**
Adad 92
Adam et Ève 33, *33*
Afrique (Les religions d') 80-81, *80-81*
Danse rituelle *81*
Divinités 80
Initiation 81
Magie et transe 81
Masques 81, *81*
Sacrifices 81
Agni 93
Aïd-el Kebir 59
Ali 55, 56, *56*
Allah 54
Amérique latine (Les religions des Indiens d') 86-87, *86-87*
Indiens d'Amazonie 87, *87*
Indiens des hauts plateaux 86, *86*
Pèlerinages et sacrifices *86*, 87
Vaudou 87, *87*
Amérique du Nord (Religions des Indiens d') 84-85, *84-85*
Amidisme 76
Amon 92
Amulette **84,** 85
An ou Anu 92
Animisme **80**, 80-81, *80*, *81*
Anubis *15*, *18*, 19, 92
Aphrodite 21, *21*, 92
Apis 92
Apollon 21, *21*, 92
Apôtre **32**
Arès 21, *21*, 92
Artémis 21, *21*, 92
Ascète **66**
Asclépios 92
Astrologie **12**, 13
Athéna 21, *21*, 92
Attribut **62**
Augure **24**, *25*
Aumône **66**
Australie (Aborigènes d') 82, *82*
Autel **20**, *24*, *25*
Avatar **62**
Aztèques 28-29, *29*

B

Bacchus 92
Bahubali (statue de) *66*, 67
Bar-mitsva 39
Belenos 93
Bès 15, *15*, 92
Bible 32, 36
Manuscrits de la mer Morte 36, *36*
Bodhisattva **68**
Bon Pasteur (le) 41, *41*
Borobudur (temple de) *72-73*, 73
Borvo 93
Bouddha 68-69, *68*, *69*, *75*
Bouddha Amida 76
L'empreinte des pieds de Bouddha 69, *69*
Bouddhisme 68-71, *68-73*, *89*
Bouddhisme chinois 75, *75*
Bouddhisme hinayana ou Petit Véhicule 70, *70*
Bouddhisme mahayana ou Grand Véhicule 70, 71, *71*
Bouddhisme tibétain ou lamaïsme 70, *70*
Bouddhisme zen 76-77, *77*
Fêtes communes 71
Moines bouddhistes 70, *70*
Brahma *62*, 93
Brahmane **62**

C

Cairn **10**
Calvin (Jean) 45, *45*
Castes **62**, 63
Catacombes 42, *42*
Catholique, *voir* Église catholique
Celtes 26, *26*, *27*
Cène *41*
Cérès 92
Cernunnos 93
Chaman **84**, *84*, 85
Charia 57
Chasteté **66**
Chiites **54**, 55, 56, *56*
Chine (Les religions de la) 74-75, *74-75*
Union des trois doctrines 75, *75*
Chrétien **32**
Chrétiens d'Orient 47, *47*
Premiers chrétiens et catacombes 42, *42*
Premiers moines 43
Chrisme 41, *41*
Christ, *voir* Jésus
Christianisme 40-51, *40-51*, *88-89*
Dogmes 43
Église du premier millénaire 42-43, *42-43*
Fêtes 43
Sacrements 43, 50, 51, *51*
Vie de Jésus 40-41, *40-41*
Chronos 92
Circoncision **34**
Cité **12**
Commandement **32**
Les Dix Commandements 34, *34*, *35*
Conciles 42, *45*, 51
Confucianisme 74, *74*
Confucius 74, 75, *75*
Coran 32, 56, *56*, *57*
Crémation 65, *65*, **66**
Croyances traditionnelles 78-87, *78-89*, *88-89*
Culte **10**

D

Dalaï-lama 70
Danses rituelles *81*, 87, *87*
Masque de danse 81, *81*
Dao, *voir* Tao
Déifier *24*
Delphes (Pythie et sanctuaire de) 22, *22*
Déméter 92
Devin **24**
Diane 92
Diaspora **34**, 35
Dieu (le Nom de) 33
Dieux 92-93
Dieux celtes 26, *26*, *27*, 93
Dieux égyptiens 14, *14*, 92
Dieux grecs 21, *21*, 92
Dieux hindous 62, 63, *63*, 93
Dieux indiens d'Amérique du Nord 85
Dieux mésopotamiens 12, *13*, 92
Dieux romains 24, *24*, 25, *25*, 92, 93
Dionysos 21, *21*, 92
Disciple **74**
Divination 12, 13
Divinité **12**
Djihad **54**
Doctrine **40**
Dogme **40**
Dolmens **10**, 11, *11*
Druide **26**

E

Église
Débuts de l'Église 42-43, *42-43*
Divisions 44-45, *44-45*
Œcuménisme 45
Principales Églises 46-51, *46-51*
Église anglicane 48, *48*
Église catholique 44-45, 50-51, *50-51*, *88-89*
Confession 50, *50*
Culte et rites 50, 51, *50*, *51*
Messe et eucharistie 50, *50*
Structure hiérarchique 51, *51*
Église orthodoxe 44, 46-47, *46-47*, *88-89*
Les Églises et leur organisation *46*, 47
Liturgie et icônes 46, *46*
Rites et fêtes 46, *46*, *47*
Église protestante 48-49, *48-49*
Naissance 45
Organisation 49
Principaux courants 48, *48*, 49
Rôle du pasteur 49
Sacrements 49
Temple et culte 48, *48*, *49*
Égypte ancienne 14-17, *14-19*
Dieux 14, *14*, *15*, 92
Pesée de l'âme 17, *18-19*, 19
Rites funéraires 14, 14, *15*
Embaumer **14**
Enki ou Ea 92
Enlil 92
Épona ou Brigitte 93
Épopée **62**
Esculape 92
Esus 93
Éthiopie (Église d') 47, *47*
Étrusques 25, *25*
Eucharistie 50
Europe (Religions des peuples nomades en) 26-27, *26-27*
Évangile 32

F

Fécondité **10**
Déesse de la Fécondité 10, *11*
Fétiche **80**
Foi **32**
Funérailles **26**

G

Ganesha 63, *63*, 93
Gange 64, *64*
Génie **24**
Germains 27, *27*
Ghetto **34**
Gizeh (pyramides de) 17, *17*
Gourou **62**, **66**
Granth Sahib (Guru) 67
Grèce antique 20-23, *20-23*
Les dieux de l'Olympe 21, *21*, 92
Mythes et textes 20
Sanctuaires et fêtes 22-23, *22-23*
Griot **80**, *81*
Grottes ornées 10, *11*

H

Hadès 21, *21*, 92
Harris (Barbara) 48, *48*
Haruspice **24**
Hathor 92
Hébreux **32**
Exil à Babylone 34
Migrations 35, *35*
Rois et prophètes 34
Hégire 54
Héphaïstos 21, *21*, 92
Héra 21, *21*, 92
Héraclès 21, *21*
Hérétique **40**
Hermès 21, *21*, 92
Héros **20**, 21, *21*
Hestia 93
Hindouisme 62-65, *62-65*, *89*
Castes 63
Cycle des réincarnations 63
Dieux *62*, 63, *63*, 93
Rites et fêtes 64-65, *64*, *65*
Textes sacrés et épopées 62
Hittites 13, *13*
Horus *14*, *18*, 19, 92

I

Icônes 46, *47*
Illumination **66**
Inari *76*, *77*
Incarnation **62**
Incas 29, *29*
Indiens d'Amérique (Les religions des) 84-87, *84-87*
  Amérique latine 86-87, *86-87*
  Amérique du Nord 84-85, *84-85*
Indra 93
Initiation 81, **84**
Inanna-Ishtar 92
Inquisition 44, *44*
Inuit (Les croyances des) 85, *85*
Isaac 34
Isis *14*, 92
Islam 54-59, *54-59*, *88-89*
  Charia 57
  Chiites 55, 56, *56*
  Fondements 56-57, *56-57*
  L'islam aujourd'hui 55
  Naissance et expansion de l'islam 54, *54*, 55, *55*
  Pratiques et fêtes 58-59, *58-59*
  Prière du vendredi 58, 58
  La femme musulmane 57, *57*
  Sunnites 55
Israël **34**

J

Jacob 34
Jaïnisme 66, *66*, *67*
Janus 93
Japon (Les religions du) 76-77, *76-77*
Jean-Paul II (pape) 51, *51*
Jérusalem *36*, *52-53*, 53
Jésus ou Jésus-Christ *33*, 34
  Baptême *43*
  Crucifixion *40*
  Résurrection *41*
  Vie de Jésus 40-41, *40-41*
Jeûne **74**
Jina **66**
Judaïsme 34-39, *34-39*, *88-89*
  Alliance et Élection 37
  Cérémonie de mariage 39, *39*
  Messie, messianisme 37
  Pratiques et fêtes 38-39, *38-39*
  Unité de Dieu 37
Juif **32**. V*oir aussi* Judaïsme.
Junon 92, 93
Jupiter 93

K

Kaaba *58*, 59
Kachina (poupée) *85*
Kali 93
Kami **76**, 76, *76*
Kandarya (temple de) 65, *65*
Karma **66**
King (Martin Luther) 49, *49*
Krishna 62, *62*, 93

L

Laksmi 93
Lamaïsme, *voir* Bouddhisme
Laozi ou Lao-tseu 75, *75*
Laraire **24**, *24*
Lare **24**, *24*
Libation **20**
Liturgie **40**
Luther (Martin) 45, *45*

M

Maât 92
Mahomet *33*, 54, *54*, *55*
Mânes **24**
Mardouk 92
Mars 92, 93
Mastabas **14**, 16
Mayas 28, *28*, *29*
Mazdéisme 67, *67*
Mecque (pèlerinage à La) 58, *58*
Mégalithe **10**
Mélanésie (croyances en) 83, *83*
Menhirs **10**, 11, *11*
Menora 35, *35*
Mercure 93
Mésopotamie (La religion de la) 12-13, *12-13*
  Dieux 92
Messe 50, *50*
Messie 37, **40**, 40
Mihrab 59, *59*
Minaret 58, *58*
Minerve 92
Miracle **40**
Mitra-Varuna 93
Moines
  Moines bouddhistes 70, *71*
  Premiers moines chrétiens 43
Moïse 34, *34*, *35*
Momie **14**, *16*
Momification 16, *16*
Monothéiste **32**
Morale **74**
Mosquée *57*, 58, *58*, *59*
Moulin à prières **68**, *70*
Muezzin 58, *58*
Mur des Lamentations *36*, *52-53*, 53
Musulman **32**. V*oir aussi* Islam.
Mythe **82**

N

Nanak (Guru) 67
Neptune 93
Ninurta 92
Nirvana **68**
Nouveau Testament **40**

O

Océanie (Les croyances en) 82-83, *82-83*
Œcuménisme 45
Offrande **12**
Ogmios, Ogme ou Elcmar 93
Olympe (Les dieux de l') 21, *21*, 92
Olympiques (jeux) *22*, 23, *23*
Orthodoxe, *voir* Église orthodoxe
Osiris *14*, *19*, 92
  Pesée de l'âme ou jugement d'Osiris 17, *18-19*, 19

P

Pachamama *86*, 87
Panathénées 23
Pape 51, *51*
Pâque juive, *voir* Pessah
Pâques (statues de l'île de) 83, *83*
Pèlerinage **54**
Pénates **24**
Pessah (Pâque) *38*, 39
Pharaon **14**, 15
Pluton 92
Polynésie 83, *83*
Poséidon 21, *21*, 93
Présage **24**
Prêtres
  Prêtres égyptiens 15
  Prêtres mésopotamiens 13
  Prêtres romains 25, *25*
  Prêtres taoïstes *75*
Profession de foi **34**
Prophètes **34**, 34
Protestant, *voir* Église protestante
Pyramides **14**, 16-17
  Pyramides de Gizeh 17, *17*
Pythie à Delphes (la) 22, *22*

Q

Quetzalcóatl 29, *29*

V

Ramadan **54**
Rê *15*, 92
Réincarnation **14**, 63
Religions disparues 8-29, *8-29*
Religions du Livre 30-59, *30-59*
Religions orientales 60-77, *60-77*
Révélation (de Dieu) **32**, *33*, *54*
Rite **10**
Rite funéraire **26**
Romains (La religion des) 24-25, *24-25*
  Culte domestique 24, *24*, *25*
  Culte impérial 25
  Dieux 24, *24*, 25, *25*, 92, 93

S

Sacrifice **14**, 23, *23*, *32*
Sanctuaire **20**, **54**
  Borobudur *72-73*, 73
  Kaaba 54, *58*
  Sanctuaire indien de Mesa Verde *84*
  Sanctuaires grecs 22-23, *22*
  Sanctuaires shintoïstes 76, *77*
Sarcophage **14**
Saturne 92, 93
Schisme **40**
Scribe **12**
Sculptures préhistoriques 10, *11*
Scythes 26, *27*
Ségeste (temple de) *20*
Sépulture **10**
Sermon **68**
Seth 92
Shabbat 38
Shamash 92
Shintoïsme 76, *76*, 77, *77*
Shiva 93
Siddharta Gautama, *voir* Bouddha
Sikhisme 67, *67*
Sin *13*, 92
Sinaï (mont) *35*
Slaves 27, *27*
Sorcier **80**
Sphinx **14**
Stonehenge (site de) 11, *11*
Stupa 71, *71*
Sunna 56
Sunnites **54**, 55
Surya 93
Synagogue **34**, *37*, 38

T

Tables de la Loi 34, *34*
Tabou **82**
Talmud 37
Tao ou dao **74**
Taoïsme 75, *75*
Taranis ou Dagda 93
Temple **12**
  Temple grec de Ségeste *20*
  Temple protestant 48, *48*, *49*
  Temple sikh *67*
  Temples égyptiens 15
  Temples hindous 64, *64*, *65*
Teutatès ou Toutatis 93
Thot 19, *19*, 92
Tiki **82**, *83*
Tombes, tombeaux
  Mastabas, pyramides et hypogées 16-17, *17*
  Tombeau du Christ *41*, 53
  Tombes préhistoriques 10-11, *10-11*
Torah 36, *36*
  Lecture de la Torah *37*, 38, *38*
Torii **76**
Totem **82**, *85*
Transe **80**, 81
Trente (concile de) 45, *45*
Trundholm (Le char de) 27, *27*
Tumulus **10**

V

Vase canope 17, *17*
Vatican II (concile) 51
Vaudou 87, *87*
Véhicule (Grand et Petit), *voir* Bouddhisme
Vénus 92
Vesta 93
Vierge de Czestochowa 50, *50*
Vishnou *63*, 93
Vulcain 92

Y

Yang **74**
Yin **74**

Z

Zen (bouddhisme) 76-77, *77*
Zeus 21, *21*, 93
Ziggourat 13
Zoroastre 67

Crédits photographiques

Couverture :
Launois J. – Rapho. *Prêtre orthodoxe bulgare* ;
Sitton H. – Fotogram-Stone. *Grand stupa de Bodnath,* Népal ;
Martel O. – Explorer. *Lecteur de Coran dans une mosquée égyptienne* ; **Magnan D.** *Juifs lisant la Torah.*
Dos de couverture : **VCL – Pix.** *Mosquée d'Ispahan,* Iran
Pages de garde : **Held S.**
Page titre : **Kunsthistorisches Museum, Vienne.** *Dionysos et Héphaistos.*

p. 2-hg **Kirtley M. et A. – ANA.** *Maquillage de cérémonie, tribu Dam,* Côte d'Ivoire.
p. 2-bd **Duchêne J.P. – Diaf.** *Lecteur de Coran*
p. 3-m **Josse H.,** *Chemin du mort dans l'au-delà égyptien,* Musée du Louvre, Paris.
p. 4-hg **Bridgeman Art Library – Giraudon.** *Pesée de l'âme ;* British Museum, Londres.
p. 4-mh **Gruyaert H. – Magnum.**
p. 4-hd **Explorer.**
p. 4-mhg **Josse H.** Musée du Louvre, Paris.
p. 4-mbg **Kunsthistorisches Museum,** Vienne.
p. 4-b **Dagli Orti G.** *Mosquée d'Omar,* Jérusalem.
p. 4-mhd **Spiegel T. – Rapho.**
p. 4-mmd **De Soye J.N. – Rapho.**
p. 4-mbd **Abbas – Magnum.**
p. 5-mh **Mayer F. – Magnum.**
p. 5-hd **Martel O. – Icône.**
p. 5-mhg **Michaud R. et S. – Rapho.**
p. 5-mbg **Martin D.**
p. 5-mhd **Friedel M. – Rapho.**
p. 5-hg **Riffet – Explorer.**
p. 5-bg **Mauger Th. – Explorer.** *Sadduh,* Rajasthan.
p. 5-bd **Hoa-Qui.** *Moine bouddhiste,* Thaïlande.
p. 6-hg **Held A. – Artephot.** *St Simon le Stylite, icône grecque, 1664 ;* M.A.H., Genève.
p. 6-b **Held S.**
p. 7-h **Burri R. – Magnum.**
p. 7-mg **Michaud R. et S. – Rapho.**
p. 7-md **Woodfin Camp/ Garrett K. – Cosmos.**
p. 7-bd **Lauros – Giraudon.** *« Miroir de l'humaine salvation », école flamande, XVe s. ;* musée Condé, Chantilly.
p. 8-hg **Lessing E. – Magnum.** *Porteur d'offrandes de Tello,* Mésopotamie ; musée du Louvre, Paris.
p. 8-h **Burri R. – Magnum.** *Mains négatives dans la grotte de Perito Moreno,* Argentine.
p. 8-mh **Bridgeman Art Library, – Giraudon.** *Pesée de l'âme ;* British Museum, Londres.
p. 8-mb **Josse H.** *Site de Delphes,* Grèce.
p. 8-b **Dagli Orti G.** *Animaux fantastiques celtes ;* Musée national, Copenhague.
p. 9-hd **Dagli Orti G.** Musée national d'archéologie, Lima.
p. 9-b **Dagli Orti G.** *Zeus, Ganymède et Hestia ;* Musée de Tarquinia.
p. 10-hg **Ducasse F. – Rapho.** *Dolmens.*
p. 10-b **Réunion des musées nationaux, Paris.** musée des Antiquités nationales, St-Germain-en-Laye.
p. 11-h **Burri R. – Magnum.**
p. 11-g **Dagli Orti G.**
p. 11-d **Gerster G. – Rapho.**
p. 11-b **Dagli Orti G.** Musée hittite, Ankara.
p. 12-hg **Gerster G. – Rapho.** *Ziggourat d'Our* (Iraq).
p. 12-b **Dagli Orti G.** Musée de Bagdad, Iraq.
p. 13-h **Lessing E. – Magnum.** Vorderasiatisches Museum, Berlin.
p. 13-g **Dagli Orti G.** Musée archéologique d'Alep, Syrie.
p. 13-d **Dagli Orti G.** Musée du Louvre, Paris.
p. 13-b **Dagli Orti G.** Musée archéologique d'Alep, Syrie.
p. 14-hg **Josse H.** *Grand sphinx,* musée du Louvre, Paris.
p. 14-b **Lessing E. – Magnum.** *« Triade d'Osorkon », XVIIe dynastie ;* musée du Louvre, Paris.
p. 15-h **Lessing E. – Magnum.** *« Livre des morts » de Neqbed ; chapelle blanche,* Karnak, Luxor.
p. 15-g **Dagli Orti G.** *Stèle de la Dame de Taperet, XXIIe dynastie ;* musée du Louvre, Paris.
p. 15-d **Dagli Orti G.** Musée du Louvre, Paris.
p. 15-b **Josse H.** Musée du Louvre, Paris.
p. 16-h **Josse H.** *« Livre des morts » de Neqbed ;* musée du Louvre, Paris.
p. 16-d **Dagli Orti G.** *Barque prov. du trésor de Toutankhamon ;* Musée égyptien, Le Caire.
p. 16-b **Dagli Orti G.** Musée du Louvre, Paris.
p. 17-h **Josse H.** Musée du Louvre, Paris.
p. 17-b **Ross J.G. – Rapho.**
p. 17-d **Dagli Orti G.** *Vase canope prov. de la tombe de Kha.*
p. 18/19 **Giraudon.** Musée du Louvre, Paris.
p. 19-hd **Bridgeman Art Library – Giraudon.** *Pesée de l'âme ;* British Museum, Londres.
p. 20-hg **Réunion des musées nationaux, Paris.** *Ganymède,* musée du Louvre, Paris.
p. 20-b **Dagli Orti G.**
p. 21-h **Kunsthistorisches Museum, Vienne.**
p. 21-m1 **Dagli Orti G.** Musée national, Athènes.
p. 21-m2 **Dagli Orti G.** Musée archéologique Guelma, Algérie.
p. 21-m3 **Dagli Orti G.** Musée national d'Archéologie, Athènes.
p. 21-m4 **Nimatallah – Artephot.**
p. 21-m5 **Dagli Orti G.** Musée de l'Acropole, Athènes.
p. 21-m6 **Josse H.** Musée du Louvre, Paris.
p. 21-m7 **Dagli Orti G.** Musée de Delphes, Grèce.
p. 21-m8 **Dagli Orti G.** Musée archéologique de l'île de Thassos, Grèce.
p. 21-m9 **Dagli Orti G.** Antiquarium de Metaponto, Italie.
p. 21-m10 **Dagli Orti G.** Musée archéologique, Venise.
p. 21-m11 **Josse H.** Musée du Louvre, Paris.
p. 21-m12 **Dagli Orti G.** Musée archéologique, Le Pirée, Athènes.
p. 21-md **Dagli Orti G.** Musée national, Athènes.
p. 21-bd **Josse H.** Musée du Louvre, Paris.
p. 22-h **Josse H.**
p. 22-hg **Bildarchiv – Artephot.** Antikenmuseum Staatliches Museen Preuss Kulturbesitz, Berlin.
p. 22-b **Dagli Orti G.** Musée national d'Archéologie, Tarente.
p. 23-h **Dagli Orti G.**
p. 23-g **Dagli Orti G.** Villa Giulia, Rome.
p. 23-d **Dagli Orti G.** Musée du Louvre, Paris.
p. 23-b **Dagli Orti G.** Villa Giulia, Rome.
p. 24-hg **Dagli Orti G.** *Poséidon et Amphitrite ;* Musée archéologique, Naples.
p. 24-b **Dagli Orti G.**
p. 25-h **Dagli Orti G.** Maison du Ménandre, Pompéi.
p. 25-m **Dagli Orti G.** Musée de la civilisation romaine, Rome.
p. 25-b **Josse H.** *« Sarcophage des époux », VIe s. av. J.-C. ;* musée du Louvre, Paris.
p. 26-hg **Lessing E. – Magnum.** *Porte d'un sanctuaire celto-ligurien ;* musée Borély, Marseille.
p. 26-b **Dagli Orti G.** Musée des Antiquités nationales, St-Germain-en-Laye.
p. 27-h **Dagli Orti G.** *Chaudron de Gündestrup ;* Musée national, Copenhague.
p. 27-m **Werner Forman Archive.** Musée national, Reykjavik.
p. 27-b **Lessing E. – Magnum.**
p. 28-hg **Dagli Orti G.** *Naissance de Quetzacóatl ;* Musée national d'anthropologie, Mexico.
p. 28-b **Dagli Orti G.** Musée national d'archéologie, Guatemala.
p. 29-h **Dagli Orti G.** *« Codex Borbonicus » ;* Bibliothèque du Palais Bourbon, Paris.
p. 29-md **Vautier M. – ANA.** *« Codex Florentino » ;* Antochiw Collection.
p. 29-b **Dagli Orti G.**
p. 30-hg **Dagli Orti G.** *« La Cène », P. Lorenzetti ;* Basilique St-François, Assise.
p. 30-h **Hayaux du Tilly M.** *Désert de Juda,* Judée.
p. 30-mh **Spiegel T. – Rapho.** *Juifs devant le Mur occidental,* Jérusalem.
p. 30-mb **Ducasse F. – Rapho.** *Communion solennelle.*
p. 30-b **Abbas – Magnum.** *Pèlerins autour de la Kaaba pour la prière du soir,* La Mecque.
p. 31-hd **Explorer.** *Juif lisant la Bible sous un dais.*
p. 31-b **Dagli Orti G.** *Mosquée d'Omar,* Jérusalem.
p. 32-hg **Michaud R. et S. – Rapho.** *Ange Gabriel extrait du « Livre des Merveilles »* (Iraq) ; Bibliothèque de Munich, Allemagne.
p. 32-b **Radovan Z.** *Musée d'Israël,* Jérusalem.
p. 33-h **Hayaux du Tilly M.**
p. 33-m **Michaud R. et S. – Rapho.**
p. 33-hd **Josse H.** *« Dyptique de la Tentation : le péché », Hugo Van der Goes, 1664.*
p. 33-bd **Dagli Orti G.** *Miniature extraite du « Falmane », 1610 ;* musée Topkapi, Istanbul.
p. 34-hg **Hayaux du Tilly M.** *Étoile de David à 6 branches (megen David) ;* Capharnaüm, Israël.
p. 34-m **Radovan Z.** Musée d'Israël, Jérusalem.
p. 35-h **Lessing E. – Magnum.** *« Le Triomphe de Titus » ;* Forum, Rome.
p. 35-b **CIRIC.**
p. 35-hd **Dagli Orti G.** Bibliothèque nationale, Lisbonne.
p. 36-b **Spiegel T. – Rapho.**
p. 36-hg **Phedon Salou – Artephot.** Collection Institut catholique, Paris.
p. 36-h **Nowitz R. – Explorer.**
p. 37-h **Gruyaert H. – Magnum.**
p. 37-m **Dagli Orti G.** Bibliothèque nationale, Lisbonne.
p. 37-bd **Spiegel T. – Rapho.**
p. 38-b **Spiegel T. – Rapho.**
p. 38-h **Spiegel T. – Rapho.**
p. 39-h **Mayer F. – Magnum.**
p. 39-m **Searle B. – Halliday S. and Lushington L.**
p. 39-hd **Martel O. – Explorer.**
p. 39-bd **Lissac P. – Explorer.**
p. 40-hg **Dagli Orti G.** *Christ bénissant,* cathédrale Ste-Sophie, Istanbul.
p. 40-b **Dagli Orti G.** *« Vie de la Vierge et du Christ : la crucifixion », Giotto, 1303-1305 ;* chapelle Scrovegni, Padoue.
p. 41-h **Dagli Orti G.** *« Vie de la Vierge et du Christ : la Cène », Giotto, 1303-1305 ;* chapelle Scrovegni, Padoue.
p. 41-m **Dagli Orti G.** *« La Nativité », Fra Angelico ;* couvent St-Marc, Florence.
p. 41-b **Alinari – Giraudon.** *« Vie de la Vierge et Christ : la résurrection », Giotto, 1303-1305;* chapelle Scrovegni, Padoue.
p. 41-hd **Dagli Orti G.** Musée d'art chrétien, Carthage.
p. 41-bd **Held A. – Artephot.** Musée du Louvre, Paris.
p. 42-h **Mazin R.** Église de Germigny-des-Prés, Loiret.
p. 42-m Bibliothèque Apostolique, Vatican.
p. 42-bg **Held A. – Artephot.** *Catacombes de Priscilla,* Rome.
p. 43-h **Dagli Orti G.** *« Vie de la Vierge et du Christ : le baptême de Jésus », Giotto, 1303-1305 ;* chapelle Scrovegni, Padoue.
p. 43-hd **Dagli Orti G.** Musée du Bardo, Tunis.
p. 43-bd **Coll. Larousse.** Bibliothèque nationale, Paris.
p. 44-h **Josse H.** *Extrait des « Chroniques » de David Aubert, XVe s. ;* Bibliothèque de l'Arsenal, Paris.
p. 44-bg **Dagli Orti G.** *« St Dominique et les Albigeois », P. Berruguete, fin XVe s. ;* musée du Prado, Madrid.
p. 45-h **Dagli Orti G.** *« Concile de Trente », fresque des frères Zuccari, 1560-1566 ;* palais Farnèse, Caprarola.
p. 45-m **Sudres J.D. – Scope.** Cathédrale St Lizier, Limoges.
p. 45-bg **AKG, Berlin.** *« Luther, Érasme et les Réformateurs », copie de L. Cranach, XVIe s. ;* salle de Luther, Wittenberg.
p. 45-md **Josse H.** Musée Boymans, Pays-Bas.
p. 46-h **Gorianov A. – ANA.**
p. 46-b **Launois J. – Rapho.**
p. 46-hg **Bonnefoy – Top.** *« Trinité », A. Roublev ;* galerie Tretiakov, Moscou.
p. 46-bg **Coll. Larousse.** *Vierge de Vladimir,* icône byzantine, XIIe s.
p. 47-h **Martel O. – Icône.**
p. 47-m **Sioen G. – Rapho.**
p. 47-d **Gérard B. – Explorer.**
p. 48-h **Black Star/Turnley D. – Rapho.**
p. 48-b **Testut A. – Rapho.**
p. 48-hg **Ansin – Gamma.**
p. 49-bg **Woodfin Camp and Associates/Akhtar H. – Cosmos.**
p. 49-h **Peress G. – Magnum.**
p. 49-d **Black Star/Schulke F. – Rapho.**
p. 50-h **Explorer.**
p. 50-bd **Dannic – Diaf.**
p. 50-hg **Pinoges A. – CIRIC.**
p. 50-bg **Luider E. – Rapho.**
p. 51-h **De Soye J.N. – Rapho.**
p. 51-hd **Setboun M.-Black Star – Rapho.**
p. 51-b **Pinoges A. – CIRIC.**
p. 52/53 **Stone S. – Fotogram-Stone.**
p. 53-hd **Dagli Orti G.** *Sacrifice d'Abraham ;* église San Vitale, Ravenne.
p. 54-hg **Michaud R. et S. – Rapho.** *Syllabe sacrée signifiant Allah.*
p. 54-m **Michaud R. et S. – Rapho.** *Miniature persane ;* musée Topkapi, Istanbul.
p. 55-h **Michaud R. et S. – Rapho.** *Miniature arabe, XVe s. ;* bibliothèque universitaire, Édimbourg.
p. 55-b **Michaud R. et S. – Rapho.** *Miniature persane, XIVe s. ;* musée Topkapi, Istanbul.
p. 56-h **Michaud R. et S. – Rapho.**
p. 56-g **Mandel G. – Artephot.** *Miniature persane, XVIIIe s. ;* collection Medicea di Fiazole, Florence.
p. 56-m **Dagli Orti G.** Musée islamique, Le Caire.
p. 57-h **Mazin R.**
p. 57-d **Abbas – Magnum.**
p. 57-b **Abbas – Magnum.**
p. 58-h **Abbas – Magnum.**
p. 58-m **Michaud R.et S. – Rapho.**
p. 58-b **Frerck R./Odyssey/Chicago – Cosmos.**
p. 59-h **Michaud R. et S. – Rapho.**
p. 59-d **Michaud R. et S. – Rapho.**
p. 59-b **Abbas – Magnum.**
p. 60-hg **Held S.** *Brahmane lisant des textes sacrés.*
p. 60-h **Michaud R.et S. – Rapho.** *Krishna et Radha.*
p. 60-mh **Michaud R. et S. – Rapho.** *Offrande de lait à Bahubali.*
p. 60-mb **Martin A.** *Moulins à prières bouddhiques.*
p. 60-b **Koch P. – Rapho.** Sanctuaire naturel shinto (Miyajima, Japon).
p. 61-hd **Michaud R. et S. – Rapho.** *Symbole du Yin et du Yang.*
p. 61-b **Held S.** *Grand Bouddha Kama Kura,* Japon.
p. 62-hg **Michaud R .et S. – Rapho.** *Syllabe sacrée hindoue « aum ».*
p. 62-mg **Michaud R. et S. – Rapho.**
p. 62-md **Michaud R. et S. – Rapho.**
p. 63-h **Werner Forman Archive.** Galerie nationale, Prague.
p. 63-b **Held S.**
p. 63-d **Held S.**
p. 61 h **Hoepker T. – Magnum.**
p. 64-b **Michaud R. et S. – Rapho.**
p. 64-g **Held S.**
p. 65-h **Michaud R. et S. – Rapho.**
p. 65-m **Held S.**
p. 65-hd **Barbey B. – Magnum.**
p. 65-bd **Explorer.**
p. 66-hg **De Wilde P. – Hoa-Qui.** *Jain.*
p. 66-b **De Wilde P. – Hoa-Qui.**
p. 67-h **De Wilde P. – Hoa-Qui.**
p. 67-hd **Barbelette E. – Magnum.**
p. 67-bd **Rai R. – Magnum.**
p. 68-hg **Dugast J.L. – Hoa-Qui.**
p. 68-b **Held S.**
p. 69-h **Held S.**
p. 69-m **Nou J.L.**
p. 69-d **Michaud R. et S. – Rapho.**
p. 70-h **De Wilde P. – Hoa-Qui.**
p. 70-hg **Held S.**
p. 70-bg **Martin A.**
p. 70-b **Held S.**
p. 71-h **Charbonneau J.,**
p. 71-m **Michaud R. et S. – Rapho.**
p. 71-d **Held S.**
p. 72/73 **Rebmann L. – Explorer.**
p. 73-hd **Nou J.L. – Explorer.** *Nirvana du Bouddha.*
p. 74-hg **Michaud R. et S. – Rapho.** *Symbole du Yin et du Yang.*
p. 74-mg **Michaud R. et S. – Rapho.** Collection privée.
p. 74-b **Michaud R. et S. – Rapho.**
p. 75-h **Riboud M. – Magnum.**
p. 75-mg **Henriette C. – Icône.**
p. 75-md **Mayer F. – Magnum.**
p. 75-bd **Michaud R. et S. – Rapho.** Collection privée.
p. 76-hg **Boisvieux C.** Torii du sanctuaire Inari de Tsuwano, Japon.
p. 76-b **Boisvieux C.**
p. 77-h **Haas – Magnum.**
p. 77-b **Silvester H. – Rapho.**
p. 77-hg **Hoepker T. – Magnum.**
p. 77-bd **Koch P. – Rapho.**
p. 78- hg **Maxima/Hattenb – Hoa-Qui.** *Totem, Indiens Kwakiult,* Canada.
p. 78-h **Martel O. – Icône.** *Fête des féticheuses,* Côte d'Ivoire.
p. 78-mh **De Wilde P. – Hoa-Qui.** *Papou de Nouvelle-Guinée.*
p. 78-mb **Lénars C.** *Peinture sacrée navajo sur sable.*
p. 78-b **Charliat – Rapho.** *Fête des Masques,* lac Titicaca (Pérou).
p. 79-hd **Destable D.** – Musée de l'Homme, Paris. *Tiki polynésien.*
p. 79-b **De Hogues B. – Fotogram-Stone.** *Danseurs Intore,* Burundi.
p. 80-hg **Kirtley M. et A. – ANA.** *Maquillage de cérémonie, tribu Dam,* Côte d'Ivoire.
p. 80-b **Johns C. – Fotogram-Stone.**
p. 81-h **Martel O. – Icône.**
p. 81-hd **Held S.** Musée d'Abidjan, Côte d'Ivoire.
p. 81-bd **Oster J.** – Musée de l'Homme, Paris.
p. 81-m **Renaudeau M. – Hoa-Qui.**
p. 82-hg **Valentin E. – Hoa-Qui.** Mont Ayers Rock.
p. 82-m **Lewandowski H.** – Réunion des Musées Nationaux, Paris. Musée des Arts africains et océaniens, Paris.
p. 83-h **De Wilde P. – Hoa-Qui.**
p. 83-m **Ponsard D.** – Musée de l'Homme, Paris.
p. 83-bd **Martin A.**
p. 84-hg **Lénars C.** *Peinture hopie.*
p. 84-m **Lénars C.**
p. 84-b **Lénars C.**
p. 85-h **Koch P. – Rapho.**
p. 85-b Musée de l'Homme, Paris.
p. 85-d **Destable D.** – Musée de l'Homme, Paris.
p. 86-h **Lainé D. – Cosmos.**
p. 86-g **Vautier M. – ANA.**
p. 86-b **Lainé D. – Cosmos.**
p. 87-h **Friedel M. – Rapho.**
p. 87-d **Steber M. – Cosmos.**
p. 87-b **JB Pictures/Perry S. – Cosmos.**
p. 90-hg **Michaud R. et S. – Rapho.**
p. 90-mh **Giraudon.** Hôtel Ratlé, Fribourg.
p. 90-hd **Josse H.** Musée des Beaux-Arts, Rouen.
p. 90-bg **Michaud R. et S. – Rapho.**
p. 91-hg **Josse H.** Église St-Sulpice, Paris.
p. 91-mhg **Michaud R. et S. – Rapho.**
p. 91-mhd **Le Diascorn F. – Rapho.**
p. 91-hd **Coll. Larousse.** Bibliothèque nationale, Paris.
p. 92-hg **Dagli Orti G.** Musée Nicosie, Chypre.
p. 92-mhg **Lessing E. – Magnum.** Musée national, Copenhague.
p. 92-mhd **Michaud R. et S. – Rapho.** Collection privée.
p. 92-hd **Dagli Orti G.** Musée archéologique, Syracuse.
p. 93-hg **Dagli Orti G.** Musée du Louvre, Paris.
p. 93-mhg **Michaud R. et S. – Rapho.** Collection privée.
p. 93-mhd **Giraudon.** Musée national, Damas.
p. 93-hd **Michaud R. et S. – Rapho.** Collection privée.

Cartes pp. 13, 15, 21, 25, 27, 29, 35, 55 : Graffito

Carte p. 88-89 : préparation et réalisation :
Krystyna Mazoyer-Dzieniszewska
mise en couleur : Léonie Schlosser

Photogravure : Arrigo, Bordeaux – Imprimerie Mame, Tours – Dépôt légal septembre 1995 – N° de série éditeur : 18698
Imprimé en France (Printed in France) 652403, septembre 1995